Silke Schönrade

Kinderräume – KinderTräume

... oder wie Raumgestaltung im Kindergarten sinnvoll ist

„Der Mensch spielt nur da,
wo er in voller Bedeutung
des Wortes Mensch ist
und er ist nur da Mensch,
wo er spielt."

Schiller

Silke Schönrade

Kinderräume
Kinder Träume

**... oder wie Raumgestaltung im Kindergarten
sinnvoll ist**

borgmann

Fotos:

Rudolf Lensing Conrady: Seite 54
Sabine Koch: Seite 144 oben, Seite 163 oben
Jutta Walgern: Seite 4, Seite 76, Seite 88
Birgit Hahnemann: Seite 52
Ansgar Tscheschner: Seite 179
Heinz Schönrade: Seite 5, Seite 41, Seite 60
Silke Schönrade: alle anderen Fotos

Illustrationen und Zeichnungen:

Lars Nelson

© 2001 by SolArgent Media, Division of BORGMANN HOLDING AG, Basel

Veröffentlicht in der Edition:
borgmann publishing • Schleefstraße 14 • D-44287 Dortmund

3., verbesserte Aufl. 2012
Gesamtherstellung: Löer Druck GmbH, Dortmund

Bestell-Nr. 8303   ISBN 978-3-86145-338-3

Herzlich willkommen!

Inhalt

Vorwort zur 3., verbesserten Auflage

In den Jahren seit der 1. Auflage des Buches hat sich im Bildungsbereich vieles verändert.

Nach wie vor besuche ich im Rahmen von Inhouse Fortbildungen zahlreiche Einrichtungen in allen Bundesländern. Immer wieder bin ich in engem fachlichen Austausch mit den Erzieherinnen und Leitungen, den Fachberatungen und Trägervertretern. Die Diskussionen haben eins gemein: überall braucht es Ideen, Anregungen und konkrete Gestaltungsvorschläge, die praxisnah und kostengünstig umgesetzt werden können. Im Zuge der An-, Um- und Neubauten sind Gespräche und Beratungen bereits im Vorfeld der Planungen mit den Architekten sehr sinnvoll. So höre ich tagtäglich die Probleme, Wünsche und Bedürfnisse aller Kolleginnen und Kollegen, die sich mit dem Thema rund um die Raumgestaltung beschäftigen. Es ist mir ein Anliegen, einen Beitrag dazu zu leisten, wenn im Sinne der Kinder ein „Kindergarten der Zukunft" entsteht und ich diesen mitgestalten kann.

Die 3., verbesserte Auflage berücksichtigt die Veränderungen, die sich in der pädagogischen Arbeit in der Kindertagesbetreuung seit Erscheinen des Buches im Jahr 2001 ergeben haben. Das hat zwangsläufig zur Folge, dass bei der Raumgestaltung sowie bei der Planung von Neu-, Um- und Anbauten bestimmte Aspekte beachtet werden müssen, die bislang unberücksichtigt werden konnten. Zum einen sind es Sicherheitsaspekte, die im Laufe der Jahre verschärft wurden. Auch die Aufnahme von U3-Kindern hat eine entscheidende Konsequenz für die Gestaltung der Räume, ein Kapitel dazu finden Sie in diesem Buch.

Das Thema Ordnung und Struktur bei den Materialangeboten, die Aufmerksamkeit für die vorbereitete Umgebung, die Berücksichtigung der alters- und entwicklungsgemäßen Bildungsbereiche werden ebenso behandelt wie der Blickwinkel zur ästhetischen Erziehung im Elementarbereich.

Der Raum im Kindergarten wird häufig als der „dritte" Erzieher für die pädagogische Arbeit gesehen. Darüber hinaus kann dem Raum bzw. der Raumgestaltung heute eine viel umfassendere Bedeutung beigemessen werden. Die Raumgestaltung bietet vielfältige Möglichkeiten, Kinder in Ihrer Entwicklung, vor allem in der wichtigsten Entwicklungsphase eines heranwachsenden Kindes, zu unterstützen und zu begleiten. Eine vorbereitete Umgebung, die geprägt ist von Ordnung und Struktur, ausgewählten Bewegungs-, Spiel- und Lernmaterialien, einer harmonischen Farbgestaltung, einer kindgerechten Lichtatmosphäre mit klaren Fenstern und weniger Leuchtstofflampenlicht, einer angenehmen Akustik sowie einer großzügigen Raumaufteilung auch bei kleinen Räumen sind nur einige Beispiele dafür, die einen Perspektivenwechsel im Blick auf die Raumgestaltung erforderlich machen.

Öffentlich geführte Diskussionen über Bildungsbereiche und deren Schwerpunkte stehen dabei genauso im Mittelpunkt der Betrachtung wie die veränderte Kindheit, die Aufnahme von U3 Kindern, lange Verweilzeiten im Kindergarten und die Tatsache, dass viele Kinder bis zu vier oder fünf Jahren den größten Teil ihrer wachen Stunden in pädagogischen Räumen verbringen – zwischen 4.000-7.000 wache Stunden!! Auch hier muss die Raumgestaltung Antworten geben, die den Bedürfnissen der Kinder gerecht werden.

Die Idee, mit dem vorhandenen Mobiliar und mit den meist mehr als notwendigen Materialien Räume „neu zu denken", steht im Vordergrund der Überlegungen, damit für die Kinder ein „Kindergarten der Zukunft" entstehen kann.

Das Buch richtet sich an alle Berufsdisziplinen, die sich mit den Themen rund um die Kindergartenplanung und Raumgestaltung beschäftigen und neue Anregungen in Wort und Bild suchen.

Bonn im Oktober 2011

Einleitung

Ich möchte Sie zu Beginn dieses Buches zu einer kleinen Reise durch Ihre Einrichtung einladen.

Stellen Sie sich vor, Sie kehren aus dem Urlaub zurück und haben am ersten Arbeitstag die Zeit und Ruhe, durch Ihren Kindergarten zu gehen. Dabei lassen Sie die Innenraumgestaltung auf sich wirken. Im Geiste arbeiten Sie dabei eine Checkliste ab: Wie wirkt die Gestaltung, die gesamte Atmosphäre auf Sie – harmonisch, übersichtlich, strukturiert oder eher ungeordnet, überfüllt und vielfältig? Wie sind die gemalten Bilder der Kinder präsentiert – geordnet und übersichtlich an bestimmten Orten und Wänden, so dass die einzelnen „Kunstwerke" ihre Wirkung erzielen oder eher ungeordnet an zahlreichen Stellen in der Einrichtung und im Gruppenraum? Vielleicht entdecken Sie sogar mit Staub überdeckte Zweige von der Decke hängen, an denen nur noch die herunter hängenden Fäden die Präsentation von früheren Bastelarbeiten erahnen lassen. Schauen Sie sich einmal die Wände an – sehen Sie Tesafilmreste oder Schadstellen davon, die die Spuren von Bildern hinterlassen haben? Wie wirkt das Licht auf Sie – ist es an allen Orten der Einrichtung angenehm, gut und für unterschiedliche Tätigkeiten differenziert ausgeleuchtet und nicht zu grell oder wirkt es diffus, gleichmäßig und schattenlos? Wie harmonisch ist die Farbgestaltung – passen die Farben zur übrigen Einrichtung oder entdecken Sie zuviel „Buntheit" in den Räumen durch Stoffe, Bilder, Spielmaterial, Möbel etc.? Wo sehen Sie die aktuellen Informationen für die Eltern – sind Sie an einem Ort übersichtlich untergebracht oder müssen die Eltern an vielen verschiedenen Stellen danach suchen? Ihr Blick richtet sich auf einige Grünpflanzen, die ursprünglich eine wohnliche Atmosphäre unterstützen sollten, nun aber teilweise lieblos in einer Ecke verkümmern.

Wie fühlen Sie sich bei all diesen Betrachtungen? Finden Sie Dinge vor, die Sie jetzt erst bemerken und als störend empfinden, nachdem Sie eine längere Zeit nicht in diesen Räumen waren und Ihren Focus darauf richten sollten? Vielleicht spüren Sie ein Unwohlsein bei dem Gedanken, dass aus Sicht des Kindes alles noch größer, bunter, beweglicher wirkt, vieles von den Sinnen noch reizstärker wahrgenommen wird.

In einer Zeit, in der die Umweltgestaltung für die Sinneskanäle der Kinder oft viel zu stark und überladen ist, kommt der Innen-

Individuelles Mobiliar schafft eine besondere Atmosphäre.

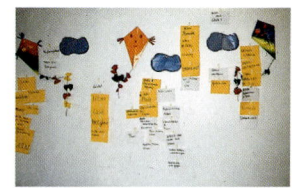

raumgestaltung in pädagogischen Einrichtungen eine wichtige Bedeutung zu. Eine zunehmende Zahl von Kindern verbringt bis zu neun Stunden in diesen Räumlichkeiten.

Ich möchte mit diesem Buch Erfahrungen, Ideen, Anregungen und Inspirationen weitergeben, die in meiner jahrelangen Arbeit entstanden sind. Unzählige pädagogische und therapeutische Einrichtungen habe ich gesehen, Kolleginnen dort befragt, mit Kindern gesprochen, Elterngespräche geführt und vor allem in vielen dieser Einrichtungen Gestaltungsvorschläge gemacht. Immer wieder spürte ich die Unzufriedenheit der Kolleginnen. Ihnen allen war das Anliegen gemein, dass „irgendetwas verändert werden müsste", „zuviel Möbel da sind", „wir mehr Rückzugs- und Ruheecken brauchen", dem „Bewegungsdrang der Kinder entgegenkommen müssen" o.ä., um den individuellen Bedürfnissen der Kinder gerecht zu werden. In den meisten Fällen fehlten ausreichende Ideen für Veränderungen, weil nach vielen Jahren Kindergartenarbeit eine gewisse „Betriebsblindheit" eingekehrt ist. Das ist normal und kennt jeder von uns aus eigenen alltäglichen Zusammenhängen. Bei Kindergartengestaltung steht außerdem der Aspekt des „Katalogdenkens" zahlreicher Kindergartenausstatter im Vordergrund. Dabei wird meistens nach Standardeinrichtungen geplant, ohne den individuellen Bedürfnissen der Kinder, dem Konzept, den Räumlichkeiten und den veränderten Umwelt- und Gesellschaftsbedingungen Rechnung zu tragen. Allzu häufig geht die Möglichkeit verloren, die Handlungsspielräume für Fantasie zu schaffen, die Gefühlswelt des Kindes zu unterstützen, die Eigentätigkeit und Originalität des kindlichen Spiels zu fördern bzw. zu bewahren. Wo sonst hätte beispielsweise eine „Knopflochhöhle", ein „Zeltdach zum Schlafen", „ein Kartoffelacker auf dem Fensterbrett" oder ein „Hosentaschenmuseum" seinen Platz im Kindergarten?

Literatur:
Das Paradies ist
unmöbliert
(Lange /
Stadelmann)

Mein Ausgangspunkt für dieses Buch ist der Ansatz der Psychomotorik, der stets Hintergrund aller Einrichtungs- und Gestaltungsvorschläge ist, in dem das Gesamt Kind-Pädagoge-Raum-Konzept als ganzheitliches Thema betrachtet wird. Darin integriert ist das Kinderleben mit Spielorten und Spielräumen, der Lebensraum Kindergarten mit den Räumlichkeiten und den elementaren kindlichen Bedürfnissen, den Elementen wie Farbe und Licht. Die vorbereitete Umgebung als anregende Bildungsbereiche steht dabei im Vordergrund.

Zahlreiche Faktoren bestimmen die Innenraumgestaltung wie:

✓ individuelle Bedürfnisse des Kindes
✓ Umweltfaktoren
✓ Team / Träger
✓ vorhandene Räumlichkeit
✓ pädagogisches Konzept

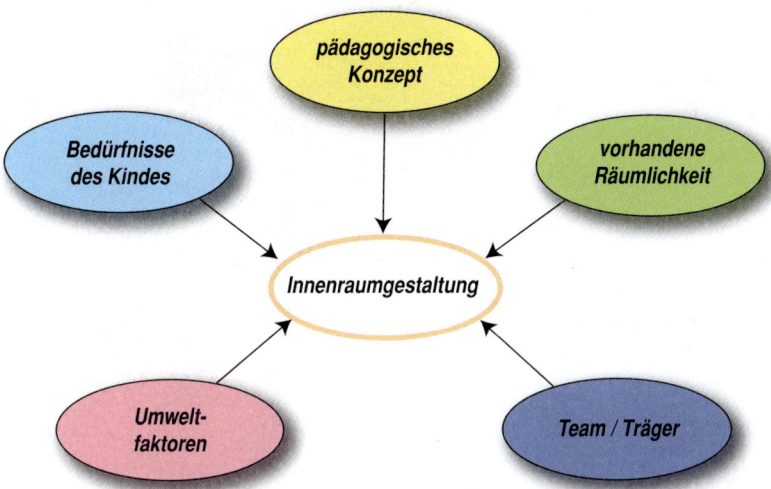

Gestalten ist ein fließender Vorgang. Von heute auf morgen lassen sich kleine Dinge verändern. Größere, gestalterische Veränderungen brauchen Zeit, müssen gut durchdacht werden, in das Team, das Konzept, die Räumlichkeit passen. Nicht alles können Sie selbst machen. Holen Sie sich Hilfe von Fachleuten, Handwerkern, engagierten Eltern. So erhalten Sie immer wieder Gelegenheit, Ihre Ideen weiterzugeben, zu begründen, zu hinterfragen. Das macht Sie in Ihren endgültigen Entscheidungen sicherer. Sprechen Sie mit Ihrem Träger und begründen Sie sachlich Ihre Änderungswünsche. Eingebunden in das Gesamtkonzept wird er die Notwendigkeit verstehen – auch wenn es manchmal etwas mehr Zeit braucht!

Ich hoffe, dass dies mit Hilfe des Buches leichter fallen wird. Die theoretischen Hintergründe sowie die zahlreichen praktischen Vorschläge, Ideen und Fotobeispiele sollen Sie unterstützen, sicherer in Ihrer Argumentation und in der Gestaltung Ihrer Räumlichkeiten zu werden, um diese schließlich anzuwenden und auszuprobieren.

Eine Staffelei ermöglicht großräumiges und „bewegtes" Malen.

Noch etwas zur Fotoauswahl!

Die ausgewählten Fotos geben eine Orientierung bei der Raumgestaltung. Sie sollen inspirieren, nachdenklich machen, erfreuen, Fantasie wecken, Kreativität fördern, Grundlage für Planungsvorschläge sein, Leben und Räume von Kindern zeigen und beim Betrachten zur Entspannung dienen. Die Fotografien sind im Laufe von Jahren in unterschiedlichen Einrichtungen entstanden. Sie sind die „Sprache" des Kindergartens und die der Erwachsenen. Oft finden Sie in den Fotos auch die „Sprache" der Kinder.

Und bevor Sie nun weiterblättern ...... legen Sie das Buch noch einmal zur Seite, schließen Ihre Augen und wandern im Geiste die Räume in Ihrer Einrichtung ab. Tragen Sie dann alles in die imaginäre Checkliste ein, was Sie zu verändern wünschen. Wenn Sie das Gefühl haben, dass Sie genügend Zeit in den Räumen verbracht haben, dann öffnen Sie Ihre Augen, nehmen das Buch wieder zur Hand und stöbern darin herum.

Checkliste siehe S. 70

Ich wünsche Ihnen viel Spaß dabei!

Ein Kind aus hundert gemacht

*Ein Kind hat
hundert Sprachen
hundert Hände
hundert Gedanken
hundert Weisen zu denken
zu spielen zu sprechen.
Immer hundert Weisen
zuzuhören
zu staunen zu lieben
hundert Weisen zu singen und zu verstehen
hundert Welten
zu entdecken
hundert Welten
zu erfinden
hundert Welten
zu träumen.
Ein Kind hat hundert Sprachen
doch es werden immer neunundneunzig geraubt.
Die Schule und die Umwelt trennen ihm den Kopf vom Körper.
Sie bringen ihm bei
ohne Hände zu denken
ohne Kopf zu handeln
ohne Vergnügen zu verstehen
ohne Sprechen zuzuhören
nur Ostern und Weihnachten zu lieben und zu staunen.
Sie sagen ihm, dass die Welt bereits entdeckt ist
und von hundert Sprachen rauben sie dem Kind neunundneunzig.
Sie sagen ihm
dass das Spiel und die Arbeit
die Wirklichkeit und die Phantasie
die Wissenschaft und die Vorstellungskraft
der Himmel und die Erde die Vernunft und der Traum
Dinge sind, die nicht zusammengehören.
Sie sagen also, dass es hundert Sprachen nicht gibt.
Das Kind sagt: „Aber es gibt sie doch".*

*Loris Malaguzzi, Reggio Emilia 1985
(Quelle unbekannt)*

Kinderleben

Ich habe oft darüber nachgedacht, warum ich die Geschichten der „Kinder aus Bullerbü" von Astrid Lindgren, die ich ein Kinderleben lang meinen Kindern vorgelesen habe, so mochte. Ich glaube es war die Unbekümmertheit, das „freie" miteinander Spielen und Toben der Kinder, das Verstecken vor den Erwachsenen, das Verbotene auszuprobieren, das Weihnachten feiern und das Lebkuchen backen und vor allem waren es die Räume und Spiel-Räume, in denen sich das Kinderleben abspielte, was eine besondere Atmosphäre ausstrahlte.

In der Autobiographie von Astrid Lindgren „Das entschwundene Land" formulierte sie ihr eigenes Kinderleben so:

„Warum es schön war, dort Kind zu sein? Zweierlei hatten wir, das unsere Kindheit zu dem gemacht hat, was sie gewesen ist – Geborgenheit und Freiheit. Wir fühlten uns geborgen bei diesen Eltern, die einander so zugetan waren und stets Zeit für uns hatten, wenn wir sie brauchten, uns im Übrigen aber frei und unbeschwert auf dem wunderbaren Spielplatz, den wir in unserer Kindheit besaßen, herumtollen ließen. (...) In unseren Spielen waren wir herrlich frei und nie überwacht. Und wir spielten und spielten und spielten, so dass es das reinste Wunder ist, dass wir uns nicht totgespielt haben. Wir kletterten wie die Affen auf Bäume und Dächer, wir sprangen von Bretterstapeln und Heuhaufen, dass unsere Eingeweide nur so wimmerten, wir krochen durch riesige Sägemehlhaufen, lebensgefährliche Gänge entlang, und wir schwammen im Fluss, lange bevor wir überhaupt schwimmen konnten. (...) Ich kann mich auch nicht daran erinnern, dass unsere Mutter uns je Vorwürfe gemacht hätte, wenn wir mit zerrissenen oder beschmutzten Kleidern nach Hause kamen. Wahrscheinlich hielt sie solche Pannen, die im Eifer des Spiels passieren konnten, für das gute Recht eines Kindes" (vgl. Lindgren 1977, 34 f).

Kinderleben heute sieht anders aus. Die sozialen Strukturen der Familie haben sich geändert. Familien werden immer kleiner, die direkten Bezugspersonen geringer bzw. vielfältiger. Eine Entwicklung von der Großfamilie über die Kleinfamilie hin zur „Splitterfamilie" mit wechselnden Bezugspersonen kann immer häufiger beobachtet werden. Die Anzahl der Geschwister und Spielkameraden ist geringer geworden, das „Draußen-Spielen" gehört schon lange der Vergangenheit an. Das liegt weniger an den sich wandelnden Interessen der Kinder, die beispielsweise

den Computer und das Fernsehen dem Spielen und Toben vorziehen, sondern vielmehr an der Tatsache, dass es im Wohnumfeld meist kaum mehr Kinder gibt bzw. diese meist verplant in Sportvereinen, Musikschulen o.ä. verstreut sind und dem „unverplanten" Kind keine andere Wahl lässt.

Aber auch die Räumlichkeiten beim Wohnen, das Wohnumfeld, das Spielmaterial sowie gesellschaftliche Bedingungen führen zu verändertem Kinderleben. Kindheit heute befindet sich stärker denn je in einem Spannungsfeld, in dem Mensch und Technik, Wissen und Moral, Individualisierung und Globalisierung sowie Kommunikation mehr über Medien als über den Menschen Polaritäten aufzeigen, die nicht nur für Kinder, sondern auch für Erwachsene neue Herausforderungen darstellen. Schon früh tauschen die Kinder ihr Leben im Alltag der Familie mit einem heißersehnten Platz in der Krippe, dem Kindergarten oder der Tagesstätte. Hier findet die Entwicklung des Kindes zu einem großen Teil statt. Die Zahl der Kinder, die bis zu neun Stunden in diesen Institutionen verbringen, ist in den letzten Jahren stetig gestiegen. Kinderleben findet oft in viel zu kleine Räumen statt, ist auf bestimmte Funktionen begrenzt, hemmt den natürlichen Bewegungsdrang des Kindes und ist in der Regel von Erwachsenen mit einem entsprechenden pädagogischen Konzept im inneren und äußeren Rahmen geplant. Tagesabläufe sind vorgegeben und lassen für individuelle Befindlichkeiten und Persönlichkeitsstrukturen der Kinder meist wenig Spielraum.

Literatur: Kindheit ans Netz (Schönrade / Beins / Lensing-Conrady)

Durch die frühe „Institutionalisierung der Kindheit" werden schon Zwei- bis Dreijährige in pädagogisch aufbereitete Projekte miteinbezogen, die ökologische oder gesundheitliche Themen beinhalten. Sie lernen früh, mit anderen Kindern über Fernseh-, Sport- und Medienereignisse zu „diskutieren" und werden auch rechtzeitig mit den aktuellsten Trends konfrontiert. In „Kinderpar-

Eine Spur hinterlassen

Auf die Dauer ist der Raum,
in dem das Leben
seine Spuren hinterlassen kann,
ebenso elementar wie
Wasser und Luft für
menschliches Überleben.

Ivan Illich (zit. nach Mahlke)

lamenten" geht es um Mitbestimmung im Kindergartenalltag, die eine Reflexion bestimmter Themen voraussetzt. Interkulturelle Besonderheiten machen den Kindergartenalltag bunter und tragen zum facettenreichen Kinderleben ebenso bei wie die familiären, materiellen und sozialen Unterschiede, die in den ersten Lebensjahren schon wegbegleitend sind. Darin stecken Chancen einer vielfältigen Entwicklung des Kindes.

Manchem Leser drängt sich jetzt vielleicht die Frage auf: „Wie war es früher?"

Kindergarten früher und heute

Um dieser Frage nachzugehen, möchte ich einen Einblick in die Geschichte des Kindergartens geben, der gleichzeitig auch Veränderungen der Kindheit aus historischem Blickwinkel zulässt. In der 150-jährigen Geschichte des deutschen Kindergartens gibt es immer wieder Themen, die uns heute noch und immer wieder beschäftigen, vor allem auch auf dem Hintergrund der sich verändernden soziokulturellen und ökologischen Bedingungen in unserer Gesellschaft. Dem Leser soll sich die Möglichkeit eröffnen, Kinderleben heute nicht nur mit einem einseitigen kritischen Auge zu betrachten, sondern auch die zahlreichen Chancen darin zu entdecken. Die Pädagogen Erning/Neumann/Reyer (1987) haben in Wort und Bild die „Entstehung und Entwicklung der öffentlichen Kleinkindererziehung in Deutschland" herausgearbeitet und ermöglichen damit letztendlich Rückschlüsse auch auf die Raumgestaltung, die wir in den heutigen Kindergärten vorfinden. Damit erklären sich einerseits bestehende Einrichtungen, andererseits aber zeigen sie dringend notwendige, den heutigen kindlichen Entwicklungsbedingungen angepasste Veränderungen auf.

Der heutige „Kindergarten" entwickelte sich in der ersten Hälfte des 19. Jahrhunderts aus den „Kleinkinderbewahranstalten" und den „Kleinkinderschulen". Sie stellten die Vorformen außerfamiliarer Versorgung und Erziehung dar und allen war die Aufgabe gemein, wenn auch mit unterschiedlichen konzeptionellen Inhalten, den veränderten wirtschaftlichen, sozialen und politischen Bedingungen des beginnenden 19. Jahrhunderts Rechnung zu tragen. Dazu zählte vor allem für Familien aus den unteren

Beschäftigungszimmer im Volkskindergarten Aachen, um 1910. Tische und einzelne Kinderstühle sind das Mobliar dieses Raumes, der an den Wänden durch einen umlaufenden Bilderfries geschmückt ist (© Bildarchiv zur Geschichte der Öffentlichen Kleinkindererziehung, Otto-Friedrich Universität Bamberg)

Schichten, den Müttern eine Erwerbstätigkeit zu ermöglichen, um die finanzielle Existenz mit zu tragen. Eine weitere Aufgabe in der außerfamiliaren Erziehung lag darin, der Mutter eine Entlastungsmöglichkeit zu geben. „ ... *Aeltern können oder mögen ihre Kinder nicht den ganzen Tag um sich haben; besonders wenn sie noch klein sind, daß sie beständiger Aufsicht bedürfen ... Die Mutter als Gattin, hat als Hausfrau doch auch manche Pflichten, die sie nicht unerfüllt lassen darf ... Auch wird, um Kinder den ganzen Tag und alle Tage zu beschäftigen, ein Grad von Munterkeit, Lebendigkeit und Frohsinn erfordert, den wenige Mütter haben und sich gönnen können. Sie sind also den Kindern eigentlich nie etwas rechtes, wenn sie ihnen immer seyn wollen ... Es ist also nicht Mangel von Liebe zu den Kindern, sondern oft eiserne Notwendigkeit, oder ächte Liebe, wenn sie einige Stunden des Tages weg, und doch gut aufgehoben wünschen* " (Ewald 1816, 140 ff, zit. nach ebd. 1987, 18).

Vor allen Dingen Kinder der unteren Schichten sollten eine „frühzeitige Erziehung zu den Tugenden einer proletarischen Sittlichkeit" (Reyer 1985, 173 ff zit. nach ebd., 15) erfahren. Stillsitzen, Ruhigsein, Auswendiglernen frommer Sprüche waren die Hauptinhalte der „pädagogischen Arbeit". Teilweise ergaben sie sich auch aus der Gruppenstärke von 50 Kindern und mehr in einem Raum.

Die Begründer Johann Georg Wirth, Theodor Fliedner und Friedrich Fröbel stehen für die Konzeptionen institutionalisierter Erziehung.

Johann Georg Wirth (1807-1851)

Der Lehrer Johann Georg Wirth fasste als sogenannte „Lehrgegenstände" die Übungen zusammen, die die einzelnen Sinne, Laute und die Farbschulung genauso wie die körperlichen Aktivitäten schulten. „Handarbeiten" wie Sortier- und Legearbeiten nach Form und Farbe, textile Arbeiten, Klebe- und Flechtarbeiten verstand Wirth als Unterstützung zur feinmotorischen Entwicklung, aber  auch als Erziehung zum Fleiß und zur Arbeitsamkeit. Der Kleinkindlehrer, als die belehrende und anleitende Person, ließ freies Arbeiten nicht zu. Die Bedeutung des kindlichen Spiels allerdings hebt Wirth schon Anfang des 19. Jahrhunderts als eine wichtige Förderung in der Kleinkindentwicklung hervor, vor allem nach

Straßenkinder am Zaun, den sie zu einer Schaukel umfunktioniert haben. Berlin 1912 (aus: W. Römer, Kinder auf der Straße, Berlin 1904-1932, D. Nishen Verlag, Berlin)

Städtischer Kindergarten München, 1927. Die Entwicklung einer mobilen überall einsatzfähigen Turnkiste mit Treppe, Rutsche und Höhle wurde in den Städtischen Kindergärten Münchens begonnen (© Bildarchiv zur Geschichte der Öffentlichen Kleinkindererziehung, Otto-Friedrich Universität Bamberg)

angeleiteten Übungen zur Entspannung. *„Aus den Spielsachen ... bilden sie eine Welt, in der sie als die wichtigsten Bewohner erscheinen. Dort, in der selbst gemachten Welt, machen sie sich im stillen Auftrage ihrer eignen, kindlichen Schöpfung, zum Herrn über alle Dinge, die ihnen gehören ... Ihre ganze Tätigkeit ist ein Übertragen dessen, was sie im wirklichen Leben gesehen, gehört, erfahren haben, in ihre eigene Welt ... So leben Kinder in ihrer Welt! So lasse man sie wirken, so lange sie noch Kinder sind, so lange sie Freude an dem Abbilden verschiedener Verhältnisse aus dem Leben finden"* (Wirth 1838, 263 ff zit. nach ebd., 32).

Theodor Fliedner (1800-1864)

Der Pfarrer Theodor Fliedner sieht in seinen Konzepten der „christlichen Kleinkinderschulen" straffe Disziplin über den Willen zur Ordnung, Reinlichkeit und pünktlichem Gehorsam als wesentlichen Inhalt. Kernpunkt seiner Arbeit war die religiöse Erziehung der Kinder, deren Verlust er vor allem in den Familien unterer Schichten beobachtete. Er glaubte mit seinen Konzepten einen günstigen Einfluss auf die Eltern zu haben. Die Vermittlung von „fröhlichen Liedern mit christlichem Inhalt" (Fliedner 1846 zit. nach ebd., 34) sah er als wichtigere Aufgabe an als das „bloße Spielen mit Ball, Würfeln, Bauklötzen u.ä. (vgl. ebd.). Mit seiner strengen Glaubenserziehung glaubte er eine sittliche Besserung der Kinder zu erzielen. Fliedner schuf mit der Erneuerung des Diakonissenamtes auch eine Ausbildungsstätte für Kleinkinderschullehrerinnen und gründete damit den Beruf der Erzieherin in der öffentlichen Kleinkindererziehung.

Friedrich Fröbel (1782-1852)

Friedrich Fröbel, dem „Schöpfer" des „Kindergartens", gelang über eine Orientierung an schulischen Vorbildern eine grundlegende Neugestaltung in der Beschäftigung der kleinen Kinder. Die „Menscherziehung", Fröbels letzte Lebensaufgabe, sah er vorwiegend in der „bildenden Einwirkung auf kleine Kinder" (ebd. 1987, 36). Er entwickelte Spielgaben, die einen fördernden Spielumgang auch von Mutter und Vater mit dem Kind haben sollten. Er brachte eine Ordnung in die Spielgaben, die vom Ball ausgehend sich nach naturphilosophischen Prinzipien über Kugel, Walze und

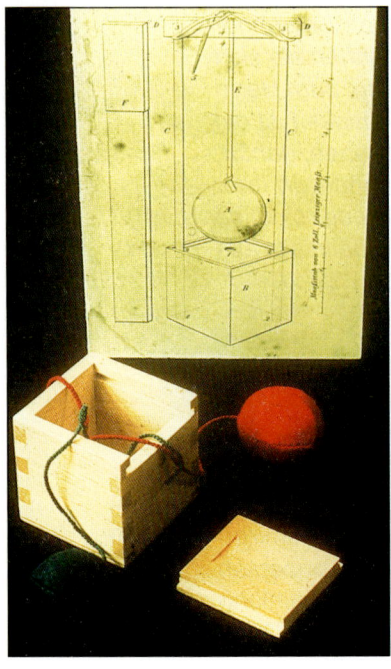

Fröbels erste Spielgabe: der Ball. Ein weicher, farbiger Stoffball an einem Faden sollte das erste Spielzeug des Kindes sein, das im spielerischen Tun die Dimensionen des Raumes – „auf und ab", „hin und her" – und Grundbefindlichkeiten des sozialen Miteinanders – „Haben und Geben" – ahnend sich erschließen sollte. Foto nach E. Hoffmann: Das System der entwickelnd-erziehenden Spielgaben Fr. Fröbels, Düsseldorf (© Bildarchiv zur Geschichte der Öffentlichen Kleinkindererziehung, Otto-Friedrich Universität Bamberg)

Beispiele für den Umgang mit dem Ball. Lithographie aus dem Begleitwerk zur ersten Gabe, 1838 (aus: Münchener Wirtschafts- und Verwaltungsblatt. 3. Jahrg., Nr. 10, Juli 1928, S. 1ff.)

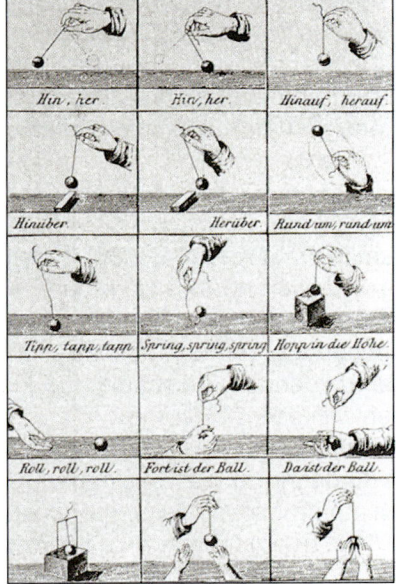

mehrfach geteilten Würfeln bis zur Fläche, der Linie und dem Punkt differenzierten. Fröbel fand mit seinem Konzept nicht nur eine sinnvolle Beschäftigung der Kleinkinder über einen ganzen Tag, sondern primär einen spielerischen Zugang zur Welt nach lebenspraktischen, mathematischen und ästhetischen Kategorien. Neben den Spielgaben erhielten die Kinder den Zugang zur Gartenarbeit, im Mittelpunkt des Kindergartens standen Reigen- und Bewegungsspiele. Auch in diesen Spielen versuchte Fröbel eine sinnbildliche soziale Beziehung herzustellen, indem über die Schließung und Auflösung des Kreises, die Ausrichtung auf eine Mitte sowie die entgegengesetze Flucht nach außen ein Bezug dazu verdeutlicht werden sollte.

Nach den Konzeptionen von Wirth, Fliedner und Fröbel kam es in der zweiten Hälfte des 19. Jahrhunderts zu kontroversen Diskussionen von christlichen Kleinkinderschulen einerseits und Kindergärten nach Fröbel andererseits. Die Konzepte Wirths und Fliedners richteten sich vornehmlich an die Kinder unterer sozialer Schichten mit dem Ziel, den Müttern die Erwerbstätigkeit zu ermöglichen bzw. die Kinder vor Gefährdung und Verwahrlosung zu bewahren und ihnen eine Grundlage für Religiösität, Ordnungsliebe, Arbeitsamkeit, Dankbarkeit und Bedürfnislosigkeit zu geben. Fröbel sah die Inhalte seiner Konzepte als Unterstützung für die Familie allgemein und für alle Kinder gleichermaßen, unabhängig der sozialen Lage und der Schichtzugehörigkeit.

Um 1900 existierten Kleinkinderschulen, Bewahranstalten und Kindergärten (ca 7.200 Stück), die vorwiegend konfessioneller Art waren und Unterschichten versorgten. Vereinzelt gab es Kleinkinderschulen für Kinder aus bürgerlichen Schichten und aus Unterschichten, die zwar in einem Gebäude, aber in getrennten Räumen untergebracht waren. Hier hatte das „alte System" noch lange Geltung, während in den Fröbelschen Kindergärten (nur ein Zehntel von allen Einrichtungen) die Inhalte und Raumgestaltungen nach weiterentwickelten Konzepten Einzug hielten, deren Ideen im Pestalozzi-Fröbel-Haus in Berlin ihren Ursprung hatten. Diese neu gegründete Ausbildungsstätte beschäftigte sich mit den Fröbelschen Gedanken und veränderte auf dieser Grundlage den Kindergarten, um sich den Bedürfnissen der Kinder und den familiären Situationen anzupassen. So teilte sich die Großgruppe von 50 Kindern und mehr in Kleingruppen auf, was eine wesent-

Städtischer Kindergarten München, 1927. Kinder beim Bauen auf dem Fußboden (© Bildarchiv zur Geschichte der Öffentlichen Kleinkindererziehung, Otto-Friedrich Universität Bamberg)

liche Konsequenz für die Raumgestaltung zur Folge hatte. Eine Atmospäre von „wohnstubenähnlichem Charakter" fand man nun in den vormals vorhandenen großen Sälen vor, die geprägt waren von langen Tischreihen, um die Kinder „besser im Blick zu haben". Nach dem Konzept von Schrader-Breymann verwandelten sich in den 20er Jahren „nüchterne Kindersäle in kleine Räume mit Blumen und Bildern, kleinen Schränken, einzelnen Tischen, an denen kleine Gruppen in wechselnder Zusammensetzung Platz nehmen konnten". Der Kindergartenraum wurde so familienähnlich gestaltet, es entstanden die ersten „Funktionsecken" wie Puppen- oder Bauecke. Die einzelnen Möbelteile sollten variabel sein, um eine flexible Raumgestaltung nach entsprechenden Bedürfnissen der Situation und der Individualität der Kinder anzupassen.

Allerdings finden sich in der Literatur hier schon Parallelen zur heutigen Zeit. Finanzielle Mittel für Neueinrichtungen waren auch in den 20er Jahren knapp, so dass „Änderungen in der Raumstruktur in den Kindergärten häufig vom Organisationstalent der Kindergärtnerin abhing, die kleine Schränke und anderes Mobiliar von den Eltern erbetteln mußte, um die Arbeit im Kindergarten trotz großer Kinderzahlen pro Gruppe den neuen methodischen Anforderungen wenigstens etwas anzupassen" (ebd. 1987, 112). Damals wie heute waren Neuerungen auf der Grundlage pädagogischen Arbeitens, die den wandelnden kindlichen Bedürfnissen entsprachen, mit einem hohen Engagement der Erzieherinnen verknüpft.

Um 1930 waren in München die städtischen Kindergärten die ersten, die nach neuen Ausstattungsrichtlinien ihre Raumgestaltung grundlegend veränderte. Kindgerechtes Mobiliar, reichhaltiges Beschäftigungsmaterial, fest eingerichtete Spielecken in jedem Raum (60-70 qm bei einer durchschnittlichen Zahl von 40 Kindern je Gruppe), Teppiche, die auch als Bauteppiche verwendet wurden, ermöglichten den Kindern vielfältige Spielsituationen. Schon damals zogen sie die Beschäftigung am Boden als „Auflockerung" zur Tischarbeit vor.

Literatur: Maria Montessori (Heiland)

Die Kleinkindpädagogik Maria Montessoris hielt in den 20er Jahren nur sehr langsam Einzug in die Kindergärten. Die Persönlichkeitsentwicklung des Kindes, die sich in gesetzmäßigen Schüben

Empfehlungen zur Inneneinrichtung von der Reichskonferenz für evangelische Kinderpflege. Abbildungen aus Vereinigung Evangelischer Kinderpflegeverbände (Hrsg.): Bau- und Einrichtung von Kindertagesheimen, Meißen 1930. Schlichte, vom Stil des Bauhauses geprägte Möbel prägen das Bild von Neueinrichtungen. Freie Regale, die den Kindern den selbstbestimmten Zugang zum Spielzeug eröffnen, sind eine wichtige Neuerung (© Bildarchiv zur Geschichte der Öffentlichen Kleinkindererziehung, Otto-Friedrich Universität Bamberg)

innerhalb „sensibler Phasen" vollzieht, stand im Vordergrund ihrer Prinzipien und richtete sich überwiegend an behinderte und verwahrloste Kinder. Mit spezifischen didaktischen Materialien, die einen hohen Aufforderungscharakter besitzen, arbeiten die Kinder und erfahren über isolierte Übungen den Tastsinn, Sehsinn, Gehörsinn etc. Die Erzieherin erhält innerhalb dieses Konzeptes die Aufgabe, den Entwicklungsprozess des Kindes zu beobachten und eventuelle Entwicklungsverzögerungen zu erkennen. Das Motto „Hilf mir, es selbst zu tun" steht über der Arbeit der Erzieherin im Montessori-Kinderhaus und ist Grundlage für die indirekte Hilfe zur Selbsthilfe des Kindes.

Die Raumgestaltung lag Maria Montessori besonders am Herzen, denn harmonische (Umwelt-) Räume sah sie als Grundlage für eine gesunde kindliche Entwicklung. Sie legte viel Wert auf helle und schöne Räume. Die Kinder sollten lernen, achtsam mit den hellen Holzmöbeln in ihrer Umgebung umzugehen. Die aufgestellten Vasen und Dekorationen unterstützen die Harmonie und trugen zur optischen Raumgestaltung ebenso bei wie die dezente Farbgestaltung.

Die starke Betonung der biologisch-endogenen Reifungsprozesse beim Kind wurden von Vertretern der Fröbelpädagogik stark kritisiert. Die individualisierte Ausrichtung des Kindes hatte soziale Erziehungsprozesse und eine intellektualistische Ausrichtung der Arbeit zur Folge, und das unter Ausblendung von Spiel und Fantasie. Gegen Ende der 20er Jahre fand man in einigen Bereichen einen gemeinsamen Konsens und akzeptierte einzelne Erziehungsgrundsätze Montessoris. Ihr Konzept hat sich bis heute in vielen Kindergärten und Schulen etabliert.

biologisch-endogen = natürliche innere Lebensvorgänge

Nach dem zweiten Weltkrieg knüpfte man beim Neubeginn der Kindergartenarbeit wieder an die Konzepte der 20er Jahre. Dabei waren die Spielgaben Fröbels der Angelpunkt der praktischen Arbeit. Kindergarten wurde als „Schonraum" für Kinder gesehen und diente in den Wirren der Nachkriegszeit oft zur Verwahrung und Betreuung.

In den 50er Jahren verbesserte sich die allgemeine Raumsituation und spiegelte sich in Kindergarten-Neubauten und –umbauten wieder. Helle, großzügig geschnittene Räume, Einzelmöbel wie Stühle und zusammenstellbare kleine Tische, große Fensterfronten, pflegeleichter PVC- oder Linoleumboden

*Verschiedene Spielebenen
differenzieren den Raum*

entwickelten sich zu Standardeinrichtungen. Seit Ende der 50er Jahre gliederte man diese großen Räume in Funktionsecken wie Puppenecken, Bauecken, Koch- und Frühstücksecken etc. Immer häufiger traf man auf Einrichtungen ähnlicher Ausstattung, denn die Kindergartenausstatter, die Kindergartenmöbel und -zubehör in ihren Katalogen anboten, planten und einrichteten, wurden zahlreicher. Dieser Trend hat sich bis heute kaum verändert. Der Kunsterzieher und Künstler Prof. Wolfgang Mahlke versuchte Anfang der 90er Jahre gegen diesen Trend zu wirken. Er entwickelte am sogenannten „Würzburger Modell" eine neue Art von Raumgestaltung, indem er den Räumen im Kindergarten eine neue Dimension eröffnete. Neben dem Gruppenraum und den Funktionsecken konzipierte er über Holzeinbauten in Form von Treppen, Emporen, Galerien, geschlossenen Spielhäusern und verschiedenen Spielebenen neue Möglichkeiten, um den Kindern differenzierten Raum für ungestörtes Spielen zu geben. Es wurden Rückzugsmöglichkeiten und Nischen geschaffen, die kindliche Betätigung ohne direkte Kontrolle der Erwachsenen zulassen (vgl. Mahlke /Schwarte 1989).

Literatur: Raum für Kinder (Mahlke / Schwarte)

Die 60er und 70er Jahren standen konzeptionell unter dem Einfluss der Bildungsreform. Wirtschaftliche Zwecksetzung und gesellschaftspolitische Zielsetzungen verlangten nach einer Neuorientierung des gesamten Bildungs- und Ausbildungswesens. Der herkömmliche Kindergarten erhielt neue Lehrpläne für die Vorschulerziehung, eigene Vorschulen wurden eingerichtet, die sich dann aber wieder zu Kindergärten entwickelten und zu einer Art „Regelkindergarten" für alle Kinder zwischen drei und sechs Jahren wurde. In der Anfangsphase der Bildungsreform versuchten sich Soziologen, Entwicklungspsychologen und Politiker in ihren Theorien. Planmäßige Frühförderung, von allen Seiten unterstützt, brachte zahlreiches „Lern"-Spielzeug auf den Markt und wird bis heute in unübersehbarer und sich stetig wandelnder Fülle angeboten.

Antiautoritäre Kinderläden, meist auf Elterninitiative gegründet, stellten in ihrer äußeren Erscheinung einen der größten Kontraste zu den normalen Kindergärten dar. Hier stand das Prinzip der Selbstbestimmung der Kinder gegen Autorität und vorgegebenes Spielen im Vordergrund. Bewegungsdrang, freies, nicht angeleitetes Spielen, spontaner Aggressionsabbau wurden u.a. gefördert, indem die Räumlichkeiten und Einrichtungsgegenstän-

de ensprechend gestaltet waren und die Betreuer den Kindern nur „beratend" zur Seite standen. Ein klarer Gegenpol zu allen anderen konzeptionellen Kindergärten bildete die kontinuierliche Mitarbeit der Eltern im Kinderladenalltag.

In den 80er Jahren entwickelten sich einige neuere Konzepte wie beispielsweise die Waldorf-Kindergärten, deren Grundlage auf der Anthroposophie Rudolf Steiners beruhen. Durch besonderes Spielmaterial wird die seelische und organische Entwicklung des Kindes angeregt, unbehandeltes Naturmaterial wie Steine, Muscheln, Früchte, Holzstücke, selbst gefärbte Seidentücher, gezupfte Wolle etc. regen das Kind zur Tätigkeit an. Der ganzheitliche Ansatz zur Welterfassung bildet den Mittelpunkt der Kindergartenarbeit. Die Außen- und Innenraumgestaltung steht im Einklang mit diesem Konzept und drückt sich über runde Formen, Naturmaterialien am Bau, abgestimmte Farbgebung und einer harmonischen Atmosphäre aus.

Die interkulturellen Veränderungen, die in den 70er und 80er Jahren sehr stark waren, tragen bis heute dazu bei, dass schon die Kindergartenkinder grenzenübergreifende Besonderheiten erfahren und mit anderen Ländern und Kulturen in Berührung kommen. Für Erzieherinnen bedeutet das, sich der Unterschiede in Sprache, Hautfarbe, Kleidung und Mentalität bewusst zu werden. Ein Auseinandersetzen mit den Nationalitäten der Kinder ist dabei ebenso wichtig wie das Beschaffen von Spielmaterial, das multikulturellem Anspruch entspricht. In der gesamten pädagogischen Arbeit ist ein gewisses Maß an Flexibilität wichtig.

Eine weitere Veränderung brachte in dieser Zeit die Integration behinderter, von Behinderung bedrohter und nichtbehinderter Kinder im Kindergarten und erforderte entsprechend ausgebildetes Personal. Neben der Kompetenzerweiterung der Erzieherinnen über Fortbildungen hatte dies auch Konsequenzen für Gruppengröße und Raumgestaltung.

Literatur:
Integration und
Raum (Steiner)

Mit Zunahme veränderter Lebensbedingungen seit Anfang des neuen Jahrtausends in unserer Kultur wird eine rapide ansteigende Zahl von Krankheiten, Verhaltensauffälligkeiten und Entwicklungsverzögerungen bei Kindern beobachtet, deren Ursache vor allem auf Bewegungsmangel im Kindesalter zurückzuführen

Eine Ecke im Ruhe- und
Entspannungsraum.

Blick in einen
Bau- und Konstruktions-
raum (Nebenraum).

ist. Motorische, sensomotorische, psychosoziale Defizite prägen das Bild der heranwachsenden Kinder ebenso wie zunehmende Lern- und Sprachentwicklungsstörungen.

Der „offene Kindergarten", dessen Konzept auf Regel, Krenz und Wieland zurückgeht, entwickelte sich als *eine* Antwort auf die veränderten Lebensbedingungen der Kinder.

Eine „pädagogisch geplante Umwelt" mit vielfältigen Spielräumen und Spielorten ermöglicht dem Kind, „Akteur und Selbstgestalter seiner Entwicklung" (vgl. Regel in: Zimmer 1997, 162) zu sein. Die Mischung aus offenen und festen Strukturen geben dem Kind den Rahmen, den es für einen aus Freiwilligkeit, Eigenaktivität und Selbsttätigkeit bestehenden Entwicklungsprozess braucht. Konzeptionell steht im Mittelpunkt dieser Kindergärten, was den heutigen Lebensbedingungen der Kinder abhanden gekommen ist. „Vielfältige kindgemäße Möglichkeiten zum Tätigwerden, genügend Zeit, Spielkameraden, große Sachen zum Spielen, Platz für großflächiges Spielen, Bewegungsanreize an unterschiedlichen Spielorten drinnen und draußen und wohlwollende präsente Erwachsene, die sich möglichst wenig einmischen" (vgl. ebd.). Die Raumgestaltung sieht meistens Gruppenräume vor, deren Funktionen für den gesamten Raum gelten. So gibt es nicht einen Raum mit Malecke, Puppenecke, Bauecke etc., sondern beispielsweise einen Bau- und Konstruktionsraum, einen Rollenspielraum, einen Werkraum, einen Ruhe- und Entspannungsraum und dgl. Die Kinder wählen nach eigenen, individuellen Vorlieben ihre Tätigkeit mit der entsprechenden Räumlichkeit. Eine „Stammgruppe", in der sich immer dieselbe Gruppe trifft, gibt es nicht. Allerdings entwickelt sich dieser „Trend" auf Grund fehlender Gemeinschaftserfahrungen der Kinder heute in die Richtung, dass ein sogenanntes halboffenes Konzept mit einer Erzieherin als Bezugsperson und einem Gruppenraum als „Stammgruppe" die Geborgenheit gibt, die im häuslichen Umfeld oft fehlt.

Pädagogische und sportpädagogische Konzepte gewinnen eine immer größere Bedeutung in der Kindergartenarbeit. Daraus entwickeln sich die Sport- und Bewegungskindergärten, deren konzeptioneller Schwerpunkt, neben den jeweils üblichen päd-

Literatur:
Offener Kinder-
garten konkret
(Regel / Wie-
land)

agogischen Inhalten, die Bewegungsförderung ist und fließend in den Kindergartenalltag integriert wird. Themen der täglichen Kindergartenarbeit werden über Motorik und Sensomotorik vermittelt, tägliche Bewegungszeiten in offener oder geplanter Form gehören zum Alltag in diesen Einrichtungen. Mittlerweile gibt es ein Vielzahl dieser Kindergärten, deren Raumkonzepte selbstverständlich an diese Bedürfnisse angepasst sind. Große Turnhallen oder Bewegungsräume mit meist optimaler Materialausstattung gehören ebenso dazu wie Gruppenräume, die nicht mit Tischen, Stühlen und anderem Mobiliar „zugestellt" werden. Der Zugang zur Turnhalle für die Kinder mit teils aufgebauter Bewegungslandschaft gehört zur Normalität im Alltag, und ist je nach Alter, Entwicklungsstand und Kompetenz auch ohne eine erwachsene Betreuung möglich.

Das Konzept der Psychomotorik, das sich bereits in den 50er Jahren in Deutschland durch seinen Begründer Ernst J. Kiphard entwickelte, hält immer mehr Einzug in die Kindergärten. Wiederum als *eine* weitere Antwort auf die veränderten Lebensbedingungen der Kinder, versucht die Psychomotorik einen ganzheitlichen Zugang zum Kind über Bewegungsförderung zu erreichen. Dabei steht das Kind stets im Mittelpunkt allen Geschehens, Entwicklungsprozesse werden über eine enge Verknüpfung zwischen Körper, Geist und Seele in Gang gesetzt. Um sich adäquat mit der Umwelt auseinandersetzen zu können, ist vorrangiges Ziel, dem Kind über den Erwerb von Handlungskompetenzen eigene Körpererfahrungen, Materialerfahrungen sowie Sozialerfahrungen zu vermitteln. Dabei wird an den Stärken des Kindes angesetzt, um das Selbstbewusstsein zu fördern und seine Persönlichkeit zu festigen. Über den Körper mit all seinen Sinnen erschließen die Kinder sich ihre Welt. Das hat selbstverständlich gravierenden Einfluss auf die Raumgestaltung in den Kindergärten, die in ihrem Konzept den psychomotorischen Ansatz zugrunde legen. Räume, die vielfältige Bewegungen zulassen, Raumgestaltungen mit die Sinne ansprechendem Spiel- und Bewegungsmaterial wie Tastwände, Schaukeln und Hängematten, Kletterwände, Sitzbällen, Entspannungs- und Ruhebereichen mit „Sinnesmaterialien", Spiegelwände u.v.m. gehören ebenso dazu wie klar und übersichtlich geordnete Spielmaterialien, die eine zu starke Reizüberflutung ausschließen. Auch die Haltung zum und die Sichtweise vom

Literatur:
Handbuch der
Psychomotorik
(Zimmer)

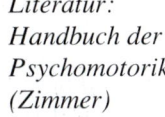

Kind steht neben allen äußeren Bedingungen im Konsens mit der Psychomotorik.

Was früher als „Schonraum für kleine Kinder" galt, kann heute als „Lebenswerkstatt" für Kinder gesehen werden. Im Kindergarten findet das Leben statt, was die Kinder umgibt. Und das uneingeschränkt. Kinderleben hat sich im Laufe der letzten 150 Jahre stark verändert. Verändert haben sich stets die Bedingungen, unter denen die Kinder aufwachsen. Auch heute versuchen wir, diesen Veränderungen Rechnung zu tragen. Manchmal gelingt es, manchmal gelingt es nicht. Bei allen Überlegungen sollten wir versuchen, das Kind in den Mittelpunkt unserer Bemühungen zu stellen.

Eine harmonische und für die Kinder vorbereitete Raumgestaltung in pädagogischen Einrichtungen, in denen Entwicklung von Kindern stattfindet, kann einen Beitrag dazu leisten, die veränderten Bedürfnisse zu unterstützen.

„Waschstraße" (aus: Beudels/Lensing-Conrady/Beins ... das ist für mich ein Kinderspiel)

Raumwelt des Kindes

Zerrspiegel verfremden das
Gesicht ...

... und lassen die unmöglichsten
Grimassen entstehen.

Und ganz nebenbei werden
positive Impulse gesetzt, die für
die Artikulation beim Sprechen
wichtig sind.

Raumwelt des Kindes

„... Um uns die Welt. Mit uns die Sinne.
Hören, Riechen, Sehen, Schmecken, Fühlen.
Über sie verbinden wir Innen und Außen.
Ohne sie könnten wir uns nicht orientieren,
nicht kommunizieren, wären nicht
einmal unserer selbst bewusst".

Aus: GEO Wissen 1997

Eine sinnvolle Raumgestaltung in pädagogischen Einrichtungen ist eng verknüpft mit den kindlichen Bedürfnissen, die sich aus der elementaren Wahrnehmungsentwicklung ergeben. Dabei ist die Individualität der kindlichen Persönlichkeit genauso zu berücksichtigen wie die Normvariationen in der Entwicklung.

Literatur: Die Abenteuer der kleinen Hexe (Schönrade / Pütz)

Warum gibt es Kinder, die trotz der Vielfalt des angebotenen Spielmaterials lieber toben? Muss ich einem Kind, dass sich immer wieder in Ruhebereichen zurückzieht, um alleine zu sein, erklären, dass es auch mal mit anderen Kindern ringen und raufen soll? Was mache ich mit Kindern, die Tischspiele ausschließlich auf dem Boden liegend oder auf dem Tisch sitzend spielen wollen? Wie kann ich ein Kind unterstützen, das beim „Stuhlkreis" immer vom Stuhl fällt und damit die anderen und vor allem sich selbst dabei stört? Dieses Kapitel gibt einen Einblick in das Thema Wahrnehmung. In diesem Zusammenhang werden die wesentlichsten Grundlagen dargestellt, die für eine sensible Raumgestaltung im kindgemäßen Sinne notwendig sind. Ich verweise Sie im weiteren Verlauf des Kapitels auf weiterführende Literatur, die Ihnen dabei hilft, sich intensiver in die entsprechende Thematik einzuarbeiten.

Wahrnehmung ist Voraussetzung für Reaktion, Kommunikation und Auseinandersetzung mit sich und der Umwelt. Durch die Koordination der verschiedenen Wahrnehmungsbereiche gelingt es, sinnliche Erfahrungen zu machen, sich in der Umwelt zu orientieren und Handlungen auszuführen.
Das fällt Kindern heute immer schwerer. Viele elementare Erfahrungen über den Körper und die Sinne wie beispielsweise laufen, klettern, hüpfen, schaukeln, schwingen, matschen erleben sie

Literatur: Handbuch der Sinneswahr- nehmung (Zimmer)

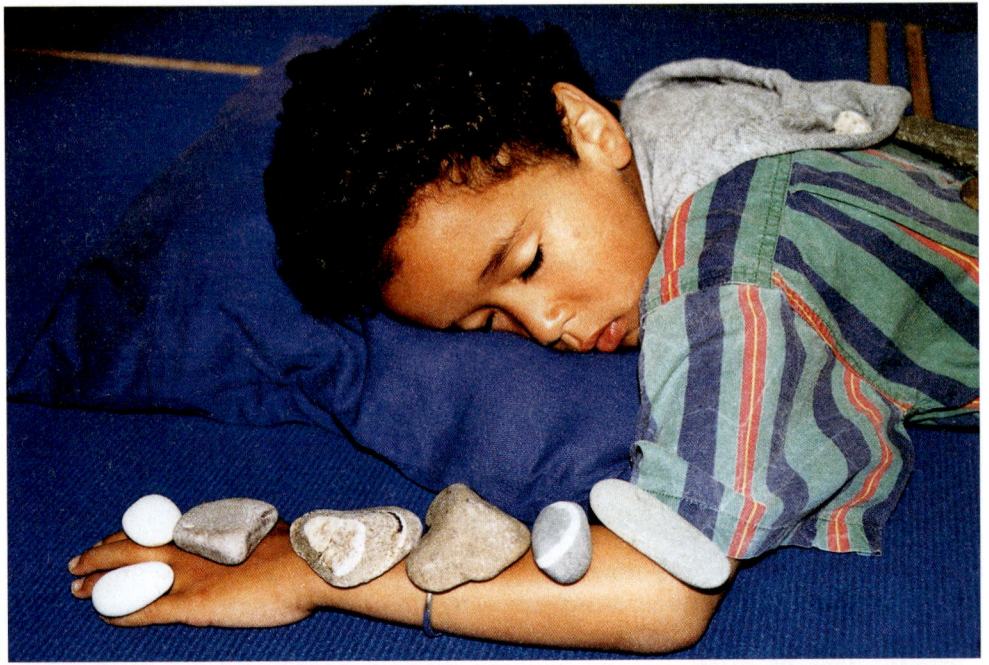

seltener, da der natürliche Bewegungsdrang anderen Tätigkeiten wie Fernsehen, Spielen am Computer, Surfen im Internet etc. zum Opfer gefallen ist. Das ist für die kindliche Entwicklung fatal, liegen doch hier die Bausteine für wichtige weitere Entwicklungsprozesse.

Schauen wir uns doch einmal das Wahrnehmungssystem an. Dies lässt sich vereinfacht folgendermaßen darstellen: Reize der Umwelt auf die Rezeptoren von Haut (taktil), Muskeln, Sehnen, Gelenken (kinästhetisch), Innenohr (vestibulär/auditiv), Auge (visuell), Ohr (auditiv), Zunge (gustatorisch) und Nase (olfaktorisch) werden über afferente Nervenbahnen dem Gehirn zugeführt. In der Literatur wird zwischen den Nahsinnen (taktil, kinästhetisch, vestibulär, gustatorisch) und den Fernsinnen (visuell, auditiv, olfaktorisch) unterschieden. Im Gehirn werden sie in den entsprechenden Gehirnarealen verarbeitet und über efferente Nervenbahnen in motorischen, mimischen und sprachlichen Reaktionen zurückgeführt. Die Sensorische Integration, darunter versteht man die Verknüpfung unterschiedlicher Wahrnehmungsreize zu einem sinnhaften Handlungsplan, befähigt den Menschen, sich und seine Umwelt genau wahrzunehmen, Lernprozesse zu bewältigen und auf Umweltbegebenheiten adäquat zu reagieren.

afferent = aufsteigend
efferent = absteigend

Um diesen Sinnen die notwendige „Nahrung" zu geben, muss der kindlichen Entwicklung die Möglichkeit und der Freiraum dazu gegeben werden, der diesen „Sinneshunger" zu stillen vermag. Denn letztlich führt der Erfahrungsreichtum dazu, das Gehirn über die Arbeits- und Verarbeitungsfähigkeit immer wieder anzuregen.

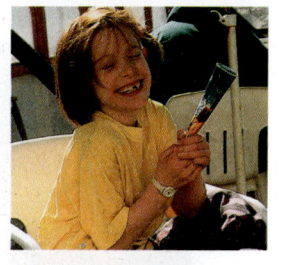

Taktiles System – Tasten, Fühlen

Das taktile System ist das am meisten ausgedehnte sensorische System. Es ist bereits vor der Geburt vollständig ausgebildet und hat eine wichtige Funktion für die gesamte nervale Entwicklung.

Die Rezeptoren der Haut reagieren auf Berührung, Druck, Schmerz und Temperatur. Über das globale Empfinden von Tasteindrücken wird eine zunehmende Fähigkeit entwickelt, diese zu differenzieren. Dadurch erhält das Kind eine immer genauere

Vorstellung von seinem Körper und lernt ebenso, unterschiedliche Qualitäten von Materialien und Gegenständen in seiner Umgebung zu unterscheiden. Darüber hinaus stellt die Haut ein wesentliches Medium der Kontaktaufnahme und Kommunikationsfähigkeit dar. Über die Haut nimmt das Kind die ersten Informationen aus seiner Umwelt auf und lernt Berührungen eine entsprechende Bedeutung zu geben. Darüber vermittelte Gefühle wie Zärtlichkeit, Vertrauen, Geborgenheit und Wärme sind wichtige Bausteine für die psychisch-emotinale Entwicklung des Kindes.

Literatur: Spüren-Bewegen-Lernen (Zinke-Wolter)

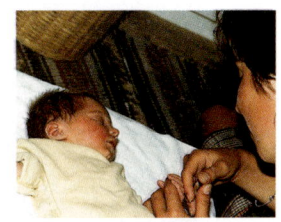

Anregungen in der kindlichen Umwelt erhält der taktile Wahrnehmungsbereich über Fühlen, Tasten, Streicheln, Massieren, Kneten, Bürsten, Matschen oder Cremen.

Kinästhetisches System – Tiefensensibilität

Das kinästhetische System gibt Rückmeldung über den Spannungszustand des Bewegungs- und Stützapparates. Es besteht ein Zusammenspiel von Muskeln, Sehnen und Gelenken. Die entsprechenden Propriozeptoren geben Informationen über die Lageveränderungen der Gelenke, die Positionen der einzelnen Körperteile, die Veränderung der Körperhaltung und vermittelt Lage- und Bewegungsempfindungen. Zusammen mit der taktilen und vestibulären Wahrnehmung trägt sie zur Entwicklung des Körperschemas bei. Ohne diese Information wüssten wir beispielsweise nicht, wo sich die einzelnen Teile des Körpers in diesem Moment befinden. Sie entwickelt sich bereits im Mutterleib und hat nach der Geburt wesentlichen Anteil bei der Aufrichtung des Kindes gegen die Schwerkraft. Hals- und Nackenmuskeln geben dem Kind Informationen über die Stellung des Kopfes zum Körper und über den Raum. Das Zusammenspiel von taktiler und visueller Wahrnehmung unterstützt das gezielte Greifen nach Gegenständen und trägt somit zu einer entscheidenden Entwicklung für die Formwahrnehmung und Formunterscheidung bei. Symbole, Buchstaben und Zahlen werden erlernt in enger Verknüpfung mit der taktil-kinästhetischen Wahrnehmung. Die Gundlagen für motorische Planung werden ebenfalls über Informationen aus dem kinästhetischen System gebildet und sind für den koordinierten und harmonisch fließenden Ablauf von Bewegungen

Ein elementares Bedürfnis von Kindern: Sich drehen, bis „die Welt sich dreht"

beteiligt. Das gilt gleichermaßen für grob- und feinmotorische Bewegungsabläufe.

In der kindlichen Umgebung sind Angebote wie Stampfen, Klatschen, Hüpfen, Massieren, Klettern, Springen, Druck- und Zugreize sinnvoll.

Vestibuläres System – Gleichgewicht

Der Sitz des Vestibulärapparates befindet sich im Innenohr. Das vestibuläre System bildet die Grundlage für Haltung, Bewegung und Körperschema. Die Rezeptoren reagieren auf die Schwerkraft und die Fliehkräfte. Vor allem durch die Veränderungen von Bewegungen des Körpers im Raum wie Geschwindigkeits- und Richtungsveränderungen und Körperbeschleunigungen wird die Raum-Lage-Orientierung ermöglicht. Das Vestibulärsystem entwickelt sich zwischen dem 2. und 7. Schwangerschaftsmonat. Durch Fremdbewegungen der Mutter und Eigenbewegungen des Kindes wird die vestibuläre Wahrnehmung stimuliert. Schon vor der Geburt ist die Verarbeitungsfähigkeit der vestibulären Reize vorhanden, die Voraussetzung für eine normale Bewegungsentwicklung ist. Die Komplexität des Gleichgewichtsorgans ergibt sich aus dem Zusammenspiel mit der visuellen und kinästhetischen Wahrnehmung. Diese Informationen führen zur Kontrolle der Hals- und Nackenmuskulatur, die dem Kind das stabile Kopfheben ermöglicht. Durch den Haltemechanismus kann der Mensch sich aufrecht gegen die Erdanziehungskraft halten. Die Kontrolle der Augenbewegung ist für das Lesenlernen wichtig, bei dem die Aufrechterhaltung eines stabilen Gesichtsfeldes notwendig ist. Dadurch gelingt es dem Kind, einen Text Zeile für Zeile zu lesen. Die Sprachentwicklung geht u.a. auch auf die enge Verknüpfung von vestibulärer und auditiver Wahrnehmung zurück.

Literatur: Von der Heilsamkeit des Schwindels (Lensing-Conrady)

Vestibuläre Stimulationen werden über Schaukeln, Rollen, Drehen, Schwingen, Fahren, Klettern, Balancieren erfahren.

Visuelles System – Sehen

Die visuelle Wahrnehmung entwickelt sich durch die differenzierte Koordination der Augenbewegungen im Zusammenspiel mit der

vestibulären und kinästhetischen Wahrnehmung. Ein Kind kann Gegenstände erst dann fixieren und scharf sehen, wenn Kopf, Rumpf und Augen stabil gehalten werden können. Das visuelle System ist das höchstentwickelte Sinnessystem des Menschen. Die Koordination von Sehen und Bewegungen des Körpers im Raum werden als visu-motorische Koordination verstanden. Das Fangen eines Balls, das Bauen mit Bausteinen, Schreiben und Basteln sind Fähigkeiten, die darauf beruhen und eine gute taktile, kinästhetische und vestibuläre Wahrnehmungsverarbeitung voraussetzen.

Visuelle Reize werden in der kindlichen Umwelt über Ballspiele, Malen, Murmelspiele u.ä. geschaffen.

Auditives System – Hören

Das Hörorgan liegt im Mittel- und Innenohrbereich in räumlicher Nähe zum Gleichgewichtsorgan. Töne, Geräusche und Klänge können wahrgenommen und differenziert werden. Schon im Mutterleib nehmen Kinder Geräusche und Töne wahr, die sich nach der Geburt zunehmend differenzieren. Voraussetzung für die Entwicklung der Sprache und der Schriftsprache ist ein gesundes Gehör und eine gut funktionierende auditive Wahrnehmung.

Literatur: Klang des Lebens (Tomatis)

In der kindlichen Umgebung sollten Gegenstände und Klangeräte vorhanden sein, die ein differenziertes wahrnehmen ermöglichen.

Durch Wahrnehmung und Handeln in der sozialen Umwelt wird die Entwicklung des Kindes entscheidend geprägt. Alle Umwelt ist immer zugleich auch räumlich und sozial. Das Kind wächst in die (Raum-) Welt. Es erobert diese Schritt für Schritt, mit seinem Körper, seinen Sinnen, seiner Persönlichkeit. Zuerst als ganzheitlichen Erfahrungsraum, später als individuellen, differenzierten Handlungsraum. Dieter Baacke (zit. nach Mahlke/Schwarte 1991, 27) hat die Raumwelt des Kindes in sozial-ökologische Zonen gegliedert, die unter dem Gesichtspunkt „Raumwelt des Kindes" sehr anschaulich sind:

● *Ökologisches Zentrum*

   Das ist die Familie, das „Zuhause", als Ort, an dem sich das Kind und seine wichtigsten Bezugspersonen befinden.

Der wellige Boden

Der gerade Boden ist eine Erfindung der Architekten. Er ist maschinengerecht und nicht menschengerecht.

Die Menschen haben nicht nur Augen, um sich an Schönem zu erfreuen, und Ohren, um Schönes zu hören, und Nasen, um Schönes zu riechen. Der Mensch hat auch einen Tastsinn für Hände und Füße.

Wenn der moderne Mensch gezwungen wird, auf asphaltierten, betonierten, geraden Flächen zu gehen, so wie sie in Designerbüros mit einem Lineal gedankenlos konzipiert werden, entfremdet von seiner seit Menschengedenken natürlichen Erdbeziehung und Erdberührung, so stumpft ein entscheidender Bestandteil des Menschen ab, mit katastrophalen Folgeerscheinungen für die Psyche, das seelische Gleichgewicht, das Wohlbefinden und die Gesundheit des Menschen.

Der Mensch verlernt zu erleben und wird seelisch krank.

Ein belebter, unebener Fußboden bedeutet eine Wiedergewinnung der Menschenwürde, die dem Menschen im nivellierenden Städtebau entzogen wurde.

Der unebene Wandelgang wird zur Symphonie, zur Melodie der Füße. Er bringt den ganzen Menschen in Schwung.

Architektur soll den Menschen erheben und nicht erniedrigen. Man wird gerne auf dem unebenen Boden auf und ab gehen, um sich zu erholen und um das menschliche Gleichgewicht wiederfinden zu können.

Hundertwasser

● *Ökologischer Nahraum*
Das ist die Nachbarschaft, der Stadtteil, das Viertel, in dem das Kind die ersten Außenbeziehungen aufnimmt. Hierzu zählt auch der Kindergarten.

● *Ökologischer Ausschnitt*
Das sind Schule, Schwimmbad, Geschäfte etc., in denen Interaktion und Handeln durch spezifische Funktionen geregelt werden. Das Kind lernt hier, bestimmten Rollen gerecht zu werden und die bestimmte Umgebung nach definierten Zwecken zu nutzen. Hier erlebt das Kind die Räume mit einer funktionalen Differenzierung.

● *Ökologische Peripherie*
Das sind Orte, an denen ungeplante Begegnungen stattfinden. Interaktion und Handeln sind nicht routiniert. Dazu zählen beispielsweise unbekannte Urlaubsorte, verlassene Häuser und Hütten, deren Räumlichkeiten erst unter Abenteueraspekten erobert werden, um ihnen dann eine neue Bedeutung zu geben.

Betrachtet man diese „Lebenswirklichkeiten" des Kindes, so zeigen sie uns die Bedürfnisse, die für pädagogische Einrichtungen von Bedeutung sind. Denn Räume können Pädagogik begünstigen oder fördern, hemmen oder behindern. Die Raumwelt des Kindes sollte stets ein hohes Maß an Möglichkeiten bieten, diesen Bedürfnissen gerecht zu werden.

Bewegung und Spiel bilden dabei einen wichtigen Schwerpunkt für kindliche Entwicklung, da in diesen Handlungsabläufen bedeutsame Entwicklungsprozesse integriert sind:

● Wahrnehmung

● Sozialisation
(Kommunikation, Interaktion, Konfliktbewältigung, Toleranz)

● Emotion
(Gefühlsebene, Affekte, Stimmungen, Bindungsfähigkeit, Angst)

● Kognition
(Denken, Experimentieren, Lernfähigkeit, Neugierverhalten)

● Sprache
(Sprach- und Sprechfähigkeit, Wortschatzerweiterung)

(vgl. Seeger 1995)

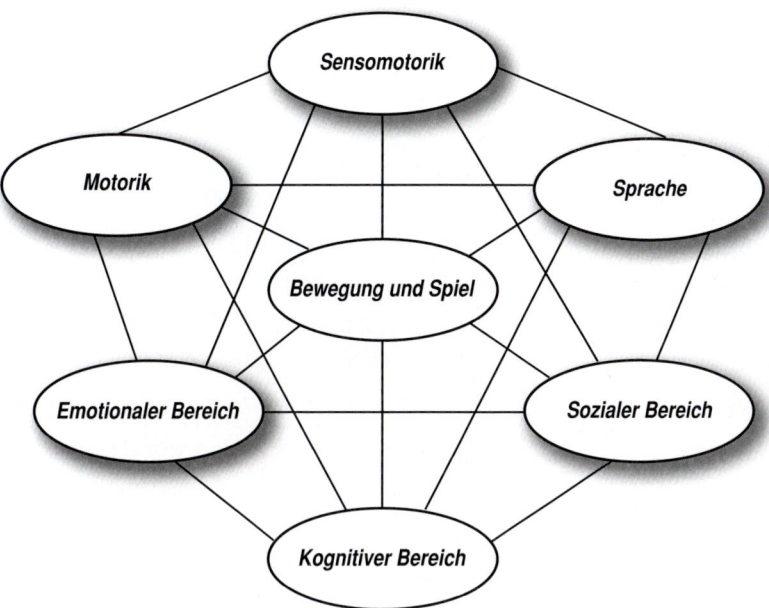

Die Grafik zeigt das Netzwerk einwirkender Faktoren, die Bewegung und Spiel des Kindes wesentlich beeinflussen.

„Das Kind braucht völlige Freiheit
in der Wahrnehmung und bei der
Gestaltung und Darstellung. Es braucht
aber ebenso Anleitung und Hilfe zur
Strukturierung seiner Wahrnehmung.“

Loris Malaguzzi

Lebensraum Kindergarten

Lebensraum Kindergarten

Die Bedeutung, die der Lebensraum – also auch der gestaltete Raum, in dem sich das Kind aufhält – in der kindlichen Entwicklung hat, wurde aus den vorangegangenen Kapiteln deutlich. In pädagogischen Einrichtungen lassen sich Wirkungsweisen beobachten, die das subjektive Wohlbefinden unterstützen oder beeinträchtigen können. Die Innenraumgestaltung entscheidet in erster Linie, ob Wahrnehmungsinformationen reizstark oder reizarm übermittelt werden. So wirken Räume, die in ihrer Einrichtung und Gestaltung eher geordnet, einfach strukturiert und leer sind weniger reizstark als solche, die mit Material und Mobiliar überfüllt und zudem auch noch ungeordnet sind.

Die Lebensräume im Kindergarten sollten geprägt sein von einer Innenraumgestaltung, die den Bedürfnissen der Kinder entsprechen. Dazu zählt, Handlungsspielräume zu schaffen, in denen vielfältige Wahrnehmungs- und Bewegungserfahrungen über einen spielerischen Umgang von den Kindern erlebt werden können. Im Gruppen- und Nebenraum finden die alltäglichen Aktionen und Tätigkeiten der Kinder statt, hier sind meistens zahlreiche differenzierte Funktionsbereiche untergebracht. In aller Regel Treffpunkt der Gruppe, bietet der Gruppenraum ein facettenreiches Erfahrungsfeld von Aktion und Interaktion, Spiel und Kommunikation, Bewegung und Ruhe in einem Wechselverhältnis von pädagogischen Zielen (Konzept) und pädagogischem Handeln. Bei einer Gruppengröße von i.d.R. 20-25 Kindern wird der Flurbereich meist als Aufenthalts- und Spielraum ebenso mit genutzt wie Räume und Ecken, in denen die Kinder in Höhlen und Nischen sich – vom erwachsenen Blick unbeobachtet – zurückziehen können.

Literatur:
Die spielen ja
nur!?
(Beins / Cox)

Entscheidende Kriterien bei der Innenraumgestaltung ergeben sich zum einen aus den Bedürfnissen der Kinder, wie:

- Geborgenheit
- Spielen in kleinen Gruppen, alleine oder mit Erwachsenen
- Bewegung
- Entspannung, Wahrnehmung
- Essen, Ernährung
- Schlafen

zum anderen aus den Bildungsbereichen
- Bauen/Konstruieren
- Rollenspiel/Theater
- Malen/Kreativität
- Naturwissenschaften
- Musik/Rhythmus/Tanzen
- Sprachen/Literatur

Aus diesen Bedürfnissen heraus ergeben sich die Gestaltungsmöglichkeiten, die die Elemente wie Mobiliar, Farbe, Licht, Fenster,
Spiel- und Lernmaterialien mit einbeziehen.

*Wichtige Hin-
weise
zur Planung*

An dieser Stelle möchte ich darauf hinweisen, dass die im weiteren
Verlauf des Buches vorgestellten Ideen und Gestaltungsmöglichkeiten in Wort und Bild Vorschläge sind, die nicht unreflektiert
übernommen werden sollten. Nicht jede Idee passt in jedes pädagogische Konzept, nicht jeder Vorschlag lässt sich in beliebiger
Räumlichkeit realisieren. Orientieren Sie sich auch nach den
Interessen der Kinder, die in einem Jahrgang in Ihrer Gruppe /

Einrichtung sind. Manchmal sind es beispielsweise Jahrgänge von Malern, Baukonstrukteuren und Puppenmüttern, ein anderes Jahr ist das Kindergartenleben geprägt von Kindern, die am liebsten draußen spielen und mit Sand matschen, bücherwurmartig jedes Buch verschlingen oder mit einer Vorliebe jedes Kreisel- und Murmelspiel ausprobieren. So unterschiedlich diese Tätigkeiten sind, so vielfältig sind die Persönlichkeiten und damit die Bedürfnisse und Interessen der Kinder.

Auch Sie als Erzieherin profitieren davon, wenn eine dynamische pädagogische Arbeit Ihren Alltag bestimmt. Dann erleben Sie sich einmal in anderen Rollen. Sie beobachten mit Abstand die Interessen der Kinder und hinterfragen gemeinsam mit Ihren Kolleginnen die momentane Gestaltung der Funktionsbereichen oder -räume. Vielleicht kann in diesem Zusammenhang beispielsweise der Nebenraum für eine gewisse Zeit eine andere Funktion erhalten? Statt Bauecke nun ein ganzer Bauraum. Oder der Maltisch wird ersetzt oder ergänzt durch eine Staffelei, die Malutensilien werden durch vielfältige Pinsel und Farben bereichert, weil Sie erkennen, dass in einigen Kindern ein Künstler ruht. Sie beobachten bei einigen Kindern einen starken Drang nach Ruhe und Rückzug, weil nicht nur die Geräuschkulisse für sie zu hoch ist, sondern der direkte Körperkontakt vermieden wird. Hier besteht Handlungsbedarf für einen entsprechenden Ruheraum oder ein „Traumzimmer".

Diese Beispiele ließen sich beliebig fortführen. Das kennen Sie aus Ihrem Alltag. Doch allzu oft bremsen die Konzepte und Rahmenbedingungen eine Veränderung und lassen eine Umgestaltung nicht oder nur sehr selten zu.

Vielleicht werden Sie ja mutiger, wenn Sie auf den nun folgenden Seiten die zahlreichen Beispiele sehen. Hinter den ausgewählten Fotografien stehen in den meisten Fällen Einrichtungen, die nach diesen o.g. Vorüberlegungen Schritt für Schritt versucht haben, ihre Raumgestaltung und letztlich oft auch ihr Konzept viel stärker auf die veränderten kindlichen Bedürfnisse abzustimmen – ... und das mit viel Erfolg!

10 Tipps um gleich zu starten (siehe Seite 69)

Auf der folgenden Seite finden Sie eine Checkliste, die Sie bei Ihren Überlegungen unterstützen soll. Besprechen Sie an Hand der ausgefüllten Checkliste mit Ihrer Kollegin, dem Team und der Leiterin Ihr Vorhaben. In sachliche Argumente eingebettet, stellen Sie Ihr Vorhaben dem Träger, Elternrat ... vor. Hören Sie sich auch in aller Ruhe die Gegenargumente an und diskutieren auf

Nicht nur „Kunst am Bau"
einer Kindertagesstätte,
sondern ein physikalisches
Anschauungsobjekt für
Kinder – Modell „Windrad"

fachlichem Hintergrund. Im Zweifelsfall holen Sie sich am besten eine Fachkraft, die Sie beraten kann.

10 Tipps, um gleich zu starten

1. Wählen Sie einen Raum, mit dem Sie beginnen wollen. Suchen Sie einen Ort in diesem Raum, von dem aus Sie einen Gesamtüberblick haben. Lassen Sie nun alles auf sich wirken und haken Sie imaginär die Checkliste ab (Seite 70).

2. Alte Poster, Tesafilmstreifen, Fäden, Nägel etc. von Decken und Wänden entfernen.

3. Das „3-Umzugskarton-Prinzip":

   Das Aussortieren kann beginnen. Stellen Sie drei Kartons bereit, in die Sie nun wie folgt vorgehen können:

   1. Alles was unvollständig, kaputt und nicht zu reparieren und absolut nicht mehr zeitgemäß ist, kann entsorgt werden.

   2. Was ein bis zwei Jahre nicht mehr regelmäßig für die pädagogische Arbeit genutzt wurde, werden Sie auch zukünftig nicht mehr gebrauchen. Organisieren Sie einen Flohmarkt oder geben Sie an Wohltätigkeitsorganisationen ab.

   3. Saisonartikel, Spiele/Materialien die regelmäßig ausgetauscht werden, legen Sie in den dritten Karton.

   Es dürfen selbstverständlich mehr Kartons werden!!

4. Nun haben Sie mehr Platz. Werden Schränke, Regale überflüssig? Wenn ja, können Sie den Raum nun neu gestalten.

5. Haben alle Aktionsbereiche den optimalen Ort im Raum (z.B. Malen in Fensternähe, Bauen braucht viel Platz)

6. Können Arbeitsplätze durch Arbeitsplatten/Fensterbänke ergänzt werden? Vielleicht benötigen Sie im Raum nun weniger Tische /Stühle.

7. Erkennen sie im Raum eine Farbharmonie? Orientieren Sie sich an nicht veränderbaren Farben beispielsweise an Bodenbelag, Fenster- / Türrahmen, Mobiliar und passen Sie die übrigen Farben an.

8. Planen Sie Zusatzbeleuchtung ein, wenn die Leuchtstofflampen keine angenehme Lichtatmosphäre erzeugen.

9. Nun sind Sie schon weit fortgeschritten. Widmen Sie sich jetzt den Prinzipien von Ordnung und Struktur.

10. Schaffen Sie eine vorbereitete Umgebung für die Kinder, in der die Aufforderung zur Neugierde und zum anregenden Spiel gegeben wird.

Checkliste Räume

- Welche Veränderungen möchten Sie in Ihrer Einrichtung vornehmen?
  Gruppenraum / Nebenraum / Flur / Bewegungsraum / sonstige Räume

- Wie ist die Raumgestaltung?
  harmonisch, strukturiert – ungeordnet, überfüllt?

- Wie sind die Lichtverhältnisse?
  viel Tageslicht, warmtonig/zielgerichtete Beleuchtung – wenig Tageslicht, zu helle/diffuse Beleuchtung

- Wie ist die Farbgestaltung?
  harmonisch, gepflegter Anstrich – bunt, veralteter Anstrich

- Wie ist das Angebot der Spiel- und Lernmaterialien?
  Angemessen der Altersstruktur, übersichtlich, ausgewählt – nicht altersgemäß, unübersichtlich, zu viel/nicht ausgewählt

- Ist ausreichend Bewegungsraum vorhanden?

- Werden die Bedürfnisse der Kinder überwiegend erfüllt?
  (siehe Seite 65)

Die Geschichte der Farben

Das ist die wahre
Geschichte von allen
Farben.
Von Rot, Blau, Gelb,
Orange, Grün, Violett
und Weiß
und Schwarz und Braun.

Jede Farbe ist anders.
Manche sind miteinander
befreundet, andere vertragen
sich nicht.

Wenn sie sich mischen,
geschehen seltsame Dinge –
Farben verschwinden, neue
Farben entstehen.

Man muss es mit eigenen
Augen gesehen haben:
Es ist wie Zauberei.

aus: „Die wahre Geschichte von allen Farben.
Für Kinder, die gerne malen" von Heller (2000)

Farben

*„Farben sind für Menschen wichtiger als man vielleicht im ersten
Augenblick denkt. Im Unterbewusstsein wird mit Farben sehr viel
ausgedrückt und auch ausgelöst, was sich beispielsweise sehr
deutlich über die Kleidung oder die Stimmung zeigt. Man denke
dabei an bunte, helle Sommerkleidung, dunkle Trauerkleidung,
blauschimmernde Sommertage am Meer, sonnengelb verwöhnte
Räume, grau-neblig trübe Novembertage etc., die schon dem
Leser eine ganz bestimmte Vorstellung vermitteln. Für mich per-
sönlich sind „gekonnte" Farbkombinationen sehr wichtig, begleiten
sie doch stets meinen Alltag und mein Leben. So sind mir einige
intensive Ereignisse in Erinnerung geblieben, die im Zusammenhang mit Farben sehr nachhaltig auf mich gewirkt haben. Aus
meiner Kindheit habe ich vor allem die Sonnenuntergänge im
Gedächtnis, die die Naturumgebung am Meer in Frankreich in
ein ganz anderes Farbenspiel tauchen ließen als die Umgebung
der Seenlandschaften in Schweden. Auch erinnere ich mich noch
heute daran, wie ich als kleines Mädchen mit meinen Eltern eine
Kunstausstellung besuchte, die sich „Farbenwaben" nannte. Sinn
dieser Ausstellung war es, die Beeinflussung von Farben über die
jeweilige Umgebungsfarbe erfahrbar bzw. sichtbar zu machen. Wir
zogen einen unifarbenen Umhang in einer Grundfarbe an, der sich
dann farblich, je nach entsprechender Raumfarbe, veränderte. Ich
weiß heute noch, wie erstaunt ich war, als sich die Farbe meines
Umhangs veränderte, ohne dass ich ihn gewechselt hatte."*

Was Kinder und Jugendliche intuitiv über Farben aussagen,
spiegelt im Grundsatz die Farbenlehre wieder und zeigt die Sub-
jektivität des Farbensehens und –erlebens. Damit wird deutlich,
dass es nicht *die* eine Lösung oder *den* Farbvorschlag für eine
gelungene Innenraumgestaltung gibt. Die Wirkung von Farbe ist
jeweils abhängig von der Raumumgebung wie Lichtverhältnisse,
bereits vorhandene Farben, Mobiliar, Materialauswahl, etc.

Farbe hat mit Kunst und Wissenschaft zu tun. Im folgenden Kapitel
werde ich so weit auf die Farbenlehre eingehen, wie sie für die
Grundidee dieses Buches wichtig ist. Der Leser soll Grundlagen-
wissen für weiteres Vorgehen erhalten, um in der Farbgestaltung
sicherer zu werden. Die für die elementare kindliche Entwicklung
notwendigen Grundsätze stehen dabei im Vordergrund aller
Überlegungen.

*Literatur:
Harmonieleh-
re der Farben
(Küppers)*

Farben – wissenschaftlich betrachtet

Die Farbenlehre beschäftigt sich mit der Farbentstehung, der Farbmischung und mit der Wirkung von Farben auf den Betrachter, also mit der Wahrnehmung von Farben und somit auch mit der psychologischen Bedeutung der Farben.

Die Farben des Regenbogens, die wir in einem Raum sehen wenn sich das Sonnenlicht in einem ins Fenster gehängte Glaskristall bricht, sah schon 1666 der Physiker Isaac Newton, als er durch ein dreieckiges Glasprisma ins Sonnenlicht blickte. Es sind die Farben Rot, Orange, Grün, Blau, Indigo und Violett. Das Lichtgebilde, das die Regenbogenfarben enthält, nennt man in der Physik Spektrum. Natürlich sehen wir auch die unbunten Farben Weiß, Schwarz, Braun und die Mischtöne der bunten Farben mit den unbunten. Bei der Farbe Schwarz wird der größte Teil der Lichtstrahlen nicht reflektiert, sondern absorbiert. Die wenigen Lichtstrahlen, die dabei zurückgeworfen werden, enthalten alle Farbstrahlen. Was wir als Schwarz sehen, ist nicht das Ergebnis eines bestimmten Farbstrahls, es ist das fast lichtlose Resultat aller Farben. Weiß reflektiert fast das ganze Licht, in ihm sind alle Farbstrahlen enthalten.

Das Licht, das sich in den Farben des Regenbogens bricht, entspricht einer physikalischen Gesetzmäßigkeit. Die farblosen Lichtstrahlen der Sonne werden erst durch eine Information von Daten an das Sehorgan, dem Auge, vermittelt und dann als Farbempfindung hervorgebracht. Dies bedeutet nichts anderes, als dass die Farbe über die subjektive Wahrnehmung des Beobachters über das Auge im Gehirn gesehen werden kann.

Literatur: Grundriss der Sinnesphysiologie (Schmidt [Hrsg])

Wenn wir etwas sehen, sehen wir Farben, ohne die Formen nicht erkannt werden können. Erst die vorhandenen Farbunterschiede ermöglichen uns, Gegenstände zu erkennen. Küpper beschreibt eine Wirkungskette zwischen Lichtemission, Absorptionsverhalten von Materie, Farbreiz und Farbempfindung des Betrachters, die erst zur visuellen Wahrnehmung und somit zum Farbensehen führt.

Lichtemission= Lichtstreuung; Absorption= Aufnahme

Dieser Prozess verläuft, vereinfacht dargestellt, folgendermaßen: Eine Lichtquelle sendet Energiestrahlen verschiedener Wellenlängen aus. Diejenigen, die über eine Größenordnung zwischen 400 und 700 Nanometer (milliardstel Meter) verfügen, nennt man Licht. Unser Sehorgan reagiert darauf mit Gefühlen, nämlich mit

Die Farben eines Regenbogens sind Rot, Gelb, Orange, Grün, Blau, Indigo und Violett.

der Farbempfindung. Der „Farbreiz", der nun dem Menschen ins Auge fällt, ist derjenige Teil des Lichts, der von einem bestimmten Material reflektiert wird. Die Absorption ist abhängig von der molekularen Struktur des Materials. Dunkle, dicke Stoffe „schlucken" beispielsweise mehr Licht als zarte, transparente. Hier zeigt sich, dass Farben unter dem Einfluss von Licht und Material sehr unterschiedlich ausfallen können, was für die Innenraumgestaltung von wichtiger Bedeutung ist.

..... und noch ein bisschen mehr Theorie zur Farbenlehre

In der Netzhaut des Auges befinden sich winzige Sehzellen, auch Stäbchen und Zapfen genannt. Ihre Aufgabe ist es, die Energieteilchen aus der Strahlung zu übernehmen. Diese dienen als Transportmittel dazu, Daten über den Zustand und die Beschaffenheit der Umwelt ins Auge zu transportieren. Diese Daten werden dann von den Sehzellen, also den Stäbchen und Zapfen, übernommen, im Sehorgan verarbeitet und führen dann letztlich zur Farbempfindung. Im Licht selbst sind *keine* Farben vorhanden, sondern führen erst durch den o.g. Prozess zum Farbensehen. Dabei sind die Stäbchen für die Koordinierung von Anpassungsmechanismen, also für das Hell-Dunkel-Sehen, verantwortlich, die Zapfen haben die Aufgabe über unterschiedliche Frequenzen des Lichts das Farbensehen zu ermöglichen. Je nach spektraler Zusammensetzung und Intensität des Farbreizes werden von den Zapfen für jeden Bildpunkt auf der Netzhaut drei elektrische Potentiale gebildet, die über Leitungssysteme der Nervenbahnen zum Gehirn gelangen.

Farbe existiert also nur als subjektives Gefühl, sie kommt objektiv in der physikalischen Welt überhaupt nicht vor. Angesichts der Tatsache, dass ein normalsichtiger Mensch 100 000 bis zu einer Million Farbnuancen unterscheiden kann, macht deutlich wie schwierig es ist, konkrete Farbvorschläge für die Innenraumgestaltung zu geben. Selbst farbsensible Menschen wie Künstler haben oftmals Probleme mit Farben und ihrer Farbwirkung.

Evolutionsbedingt hat unser Sehsinn die Aufgabe, das Überleben durch Orientierung und optimales Erkennen zu gewährleisten, wozu auch die Anpassung an die Hell-Dunkel-Orientierung, also die Adaption an Beleuchtungsumstände, gehört. Hiermit kann die Wahrnehmung optimal ausgenutzt werden.

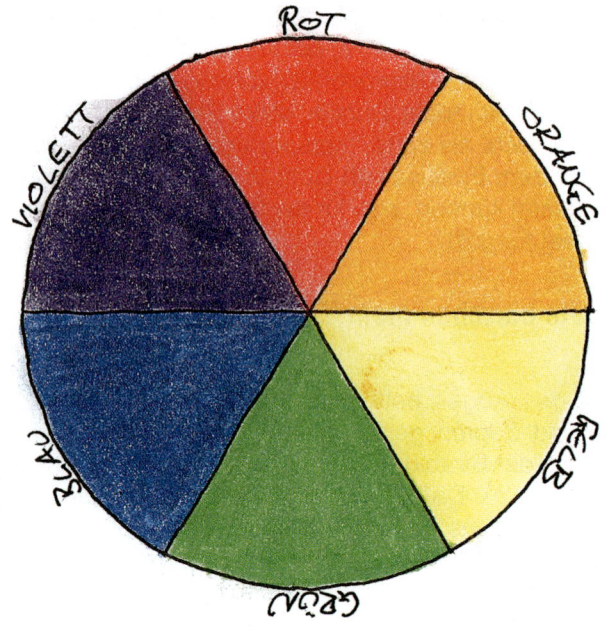

„IM FARBKREIS LIEGT IMMER EINER GRUND-
FARBE EINE GEMISCHTE FARBE GEGEN-
ÜBER:

ROT & GRÜN, GELB & VIOLETT, BLAU & ORANGE.
DIE FARBENPAARE NENNT MAN
„KOMPLEMENTÄRFARBEN".
DIESE FARBEN ZEIGEN DIE GRÖSSTEN GEGEN-
SÄTZE. MISCHT MAN EIN FARBENPAAR, SO
VERSCHWINDEN DIE FARBEN GANZ UND ES ENT-
STEHT BRAUN. SCHWARZ ENTSTEHT BEIM LANGEN
MISCHEN."   (HELLER)

Das Licht hat, wie bereits oben beschrieben, genauso einen Einfluss auf das Aussehen der Farbe wie auf die Umfeldfarbe. Eine einheitliche Konzeption ist demnach notwendig, um eine gelungene, harmonische Farbgestaltung zu erzielen. Der Lichteinfall, die Fenstergröße und die Umfeldfarben haben eine wesentliche Bedeutung für den Betrachter und somit für die Innenraumgestaltung.

Unser Sehorgan, genauer gesagt die Sehzellen der Zapfen, besitzt die Fähigkeit, drei Grundfarben zu sehen, und zwar Rot, Blau und Gelb. Sie werden auch *Urfarben* genannt. Aus dieser Tatsache heraus ergibt sich, dass wir die acht extremen Grundfarben Weiß, Gelb, Magentarot, Cyanblau, Violettblau, Grün, Orangerot und Schwarz sehen können.

Eine Vielzahl von Modellen wurde entwickelt, um eine Orientierung bei der Farbgestaltung zu erhalten. Die Farbensonne von Küpper ist für mich das anschaulichste Modell für das vorliegende Thema.

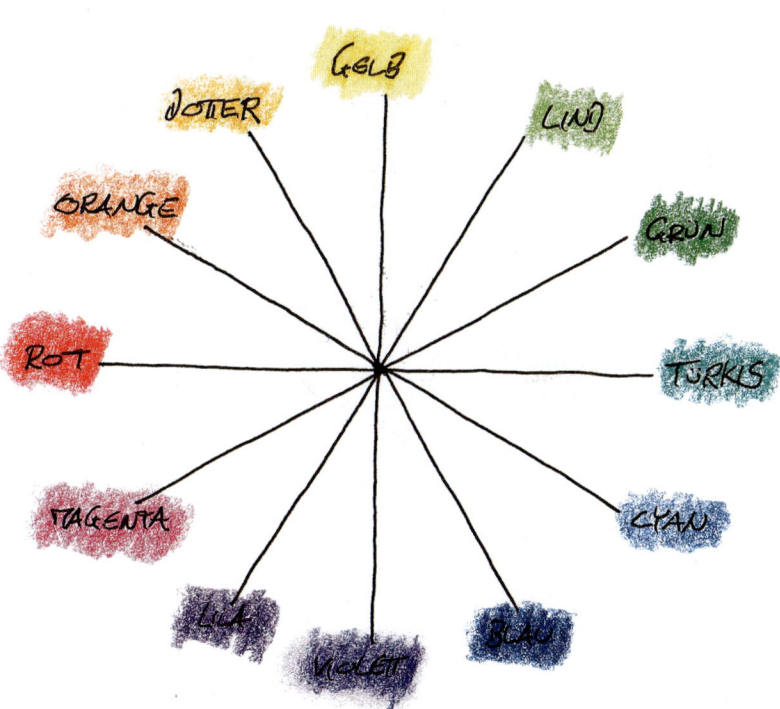

„Gelb kann Glück malen und auch Schmerz.
Es gibt Feuerrot, Blutrot und Rosenrot.
Es gibt Silberblau, Himmelblau und Gewitterblau.
Jede Farbe birgt in sich ihre Seele,
mich beglückend oder abstoßend und anregend."

Emil Nolde 1942

Daraus ergeben sich die folgenden Gestaltungsgrundsätze (Küppers modifiziert nach Schönrade), die eine grobe Orientierungshilfe für die Farbgestaltung geben können:

✓ Harmonie ist Ordnung

✓ Umfeldfarbe beeinflusst das Aussehen einer Farbe

✓ Wirkung eines Farbklangs ist um so harmonischer, je größer die Übereinstimmung von zwei ästhetischen Unterscheidungsmerkmalen in einem Farbklang ist.

✓ Monotonie wird in der Farbgestaltung vermieden.

✓ Farbklänge mit gleicher oder ähnlicher Buntart sind fast immer harmonisch (Ton in Ton), wirken aber ästhetisch höher, wenn weitere Gemeinsamkeiten vorhanden sind.

✓ Je geringer der Buntgrad der Farbnuancen, umso größer ist die Übereinstimmung des Farbklangs.

✓ Prinzipiell wirken Komplementärfarben harmonisch zusammen.

✓ Durch systematische Überlegungen, die von der Farbensonne oder von Farbtabellen eines Farbatlanten abgeleitet sein können, lassen sich Farbklänge konstruieren.

✓ Die Gestaltungsmöglichkeiten sollten eine Orientierung nach Übereinstimmung der Merkmale Unbuntart, Buntgrad und Helligkeit finden. Der individuelle Geschmack entscheidet jedoch letztlich über das ästhetische Empfinden.

„Und was ist mit den Farben, Frederick?"
fragten sie aufgeregt.
„Macht wieder eure Augen zu",
sagte Frederick. Und als er von
blauen Kornblumen und roten
Mohnblumen im gelben
Kornfeld und von grünen
Blättern am Beerenbusch
erzählte, da sahen sie
die Farben so klar
und deutlich
vor sich,
als wären sie aufgemalt
in ihren kleinen
Mäuseköpfen."

aus: „Frederick" von Leo Lionni

Farben und ihre Wirkung auf den Menschen

Mehr als alle anderen Elemente in einem Raum lösen Farben emotionale Reaktionen aus. Sie wirken auf die Stimmung des Menschen und tragen zum Wohlbefinden bei, sowohl physisch als auch psychisch. Jeder kennt die Situation: Man betritt einen Raum, in dem ohne Sorgfalt bunte und grelle Farben verwendet wurden. Schnell spüren wir den „Fluchtinstinkt" in uns, diesen Raum umgehend zu verlassen. Die Unruhe der Farbgestaltung wirkt auf das Auge sehr stark, noch intensiver ist die Reaktion für Körper und Psyche. Wie erhellend, strahlend und warm wirkt dagegen ein gelb gestrichener Raum, der uns ein Gefühl von Sonne und Wärme vermittelt. In südlichen Ländern genießen wir das kühle Blau, in denen oft Häuser und Speiseräume gestrichen sind, um einen Gegenpol zur Sommerhitze zu erzeugen. Die anregende Wirkung von Rot erleben wir beispielsweise im Stra-ßenverkehr über signalisierende Verkehrsschilder, rote Ampeln und Warnsignale. Rot ist die „Urfarbe" der Menschheit, sie hängt mit den Urerfahrungen des Menschen, mit rotem Blut und rotem Feuer zusammen.

Literatur:
Der 4-Farben-
Mensch
(Lüscher)

Dass unser Organismus mit einer veränderten Atmungsfre-quenz und einer Pulsschlagveränderung reagiert ist, je nach Umgebungsfarbe oder bei Betrachtung einer bestimmten Farbe, physiologischer Natur und messbar. Die psychologischen Effekte jedoch sind nicht nachweisbar. Dennoch sind sie spürbar und beeinflussen unsere Befindlichkeit.

Goethe befasste sich im Wesentlichen mit Naturwissenschaften. Die Farbenlehre und der Bereich, der sich mit der „sinnlich-sittli-chen Wirkung der Farben" beschäftigte ist bis heute Grundlage aller Wissenschaften zur Farbenpsychologie geblieben. Vor allem Psychologen und Autoren wie Lüscher, Frieling und Itten suchten Antworten auf die Frage, welchen Einfluss eine bestimmte Farbe auf den Menschen haben kann und welche möglichen Charak-tereigenschaften ihnen zu Grunde liegen.

Literatur:
Kunst der
Farben (Itten)

Die folgende Übersicht basiert auf Untersuchungen und wissen-schaftlicher Bearbeitung der o.g. Autoren:

Farben sind Erscheinungen, die Empfindungen in uns auslösen. Der Mensch empfängt die Farben nicht nur über das Auge, sondern nimmt die Farben auch psychisch und physisch auf. Farben sind Naturkräfte, die unterschiedliche Wellenlängen haben. Rot, Orange und Gelb sind warme, sich ausdehnende Farben, die auf uns zu kommen und deshalb erwärmend wirken. Die kurzwelligen Farben, wie beispielsweise das Blau, entfernen sich und wirken distanziert und kühl.

Literatur:
Mensch und
Farbe (Frieling)

Rot

Rot schafft eine Atmosphäre von Behauptung und Kraft. Es wirkt anregend, erregend und energisch. Rot verleiht dem Raum eine dominante Atmosphäre und gilt als Farbe der Emotion.

Gelb

Gelb wird meist mit dem Sonnenlicht in Verbindung gebracht und wird als strahlend und warm empfunden. Es ist die lichteste und heiterste Farbe. Dunklen Räumen verleiht ein gelber Anstrich eine helle, wohlige Atmosphäre.

Blau

Blau ist von Natur aus eine dunkle, zurücktretende und kühle Farbe. Es ist die Farbe des Meeres und des Himmels. Blau gestrichene Räume wirken beruhigend, ausgleichend und klar. Blau gilt als die Farbe des Verstandes.

Orange

Orange strahlt als Farbe zwischen Rot und Gelb viel Fröhlichkeit aus. Räume, die in dieser Farbe gestrichen werden, wirken auf den Menschen wärmend. Dunkle Räume wirken freundlicher und dynamischer.

Literatur:
Rot, Gelb, Blau
(Seitz)

Grün

Grün hat eine beruhigende Wirkung und vermittelt Sicherheit, Schutz und Harmonie. Dezentes Grün wirkt naturverbunden und verleiht Räumen im Zusammenspiel mit anderen Farben der Natur eine harmonische Atmosphäre.

Violett

Violett ist eine statische und beharrliche Farbe. Es ist die Farbe der Genügsamkeit und Ruhe.

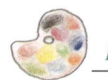

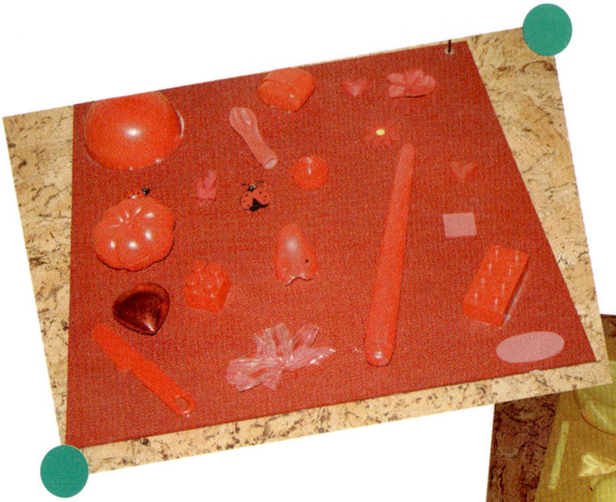

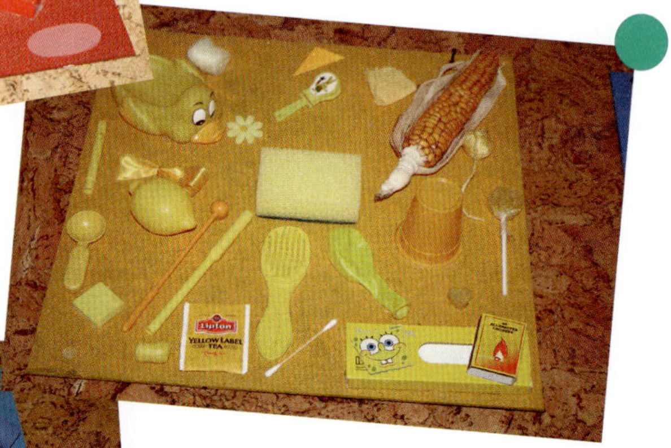
Lipton
YELLOW LABEL TEA

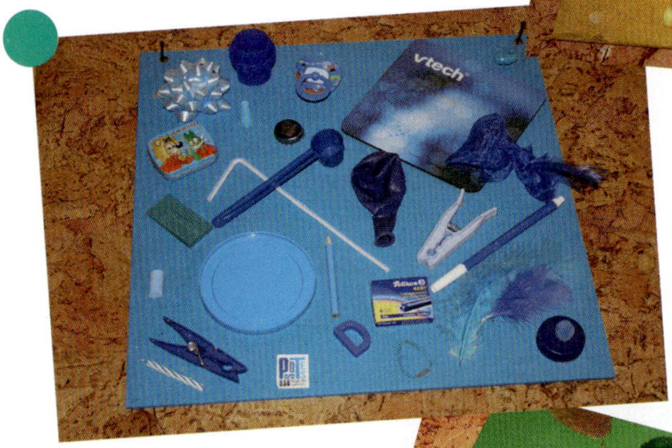
vtech

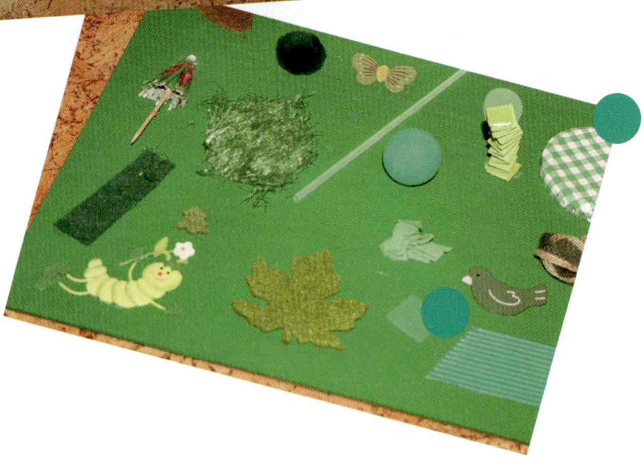

Auf einen Blick

Primärfarbe

Reines Rot, reines Blau und reines Gelb, aus denen alle anderen
Farben gemischt werden können.

Sekundärfarbe

Farben, die aus zwei Primärfarben gemischt werden können. Aus
Blau und Rot entsteht Violett, aus Rot und Gelb entsteht Orange
und aus Gelb und Blau entsteht Grün. Violett, Orange und Grün
sind die drei Sekundärfarben.

Spektrum

Alle Farben des Regenbogens. Dazu gehören Rot, Orange, Gelb,
Grün, Blau, Indigo und Violett.

Komplementärfarbe

Farben, die miteinander kontrastieren, wie Rot und Grün, Gelb
und Violett, Blau und Orange. Diese Farben liegen sich auf dem
Farbenkreis gegenüber.

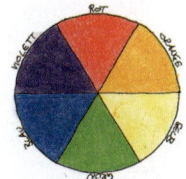

Farbenkreis

In der Farbtheorie werden die Farben des Regenbogens oft zu
einem Kreis angeordnet. Auch Farbkarten, die so angelegt werden, stellen eine Hilfe bei der Auswahl von harmonierenden oder
kontrastierenden Farben dar.

„Die gelbe Höhle"

Noch letzte Woche erinnerte nichts an diesen neuen,
liebgewonnenen Platz in unserem Gruppenraum.
Dunkel, eng, wenig einladend.

„Wie eine ganz dunkle Höhle" riefen die Kinder.
Niemand wollte in diese Höhle.

An einem sonnigen Tag sitze ich am Fenster.
Ein Sonnenstrahl, warm, hell und golden fällt durch das Fenster.
Er ruht auf meinem Gesicht und schenkt mir eine Idee.

In den nächsten Tagen beginnt ein reges Treiben.
Die Kinder bringen alles, was gelb ist
oder Gelbes erahnen lässt, mit.
Sie sammeln weiche, samtige, pelzige,
glänzende, feine, grobe Stoffreste,
von Großmutter eine gelbe Gardine.

Kissenbezüge sind schnell genäht – Sonne, Mond und Sterne!
Der Keller beherbergt nützliche, klapprige, alte, schrullige
Dinge, die für eine Tastwand wie geschaffen sind –
aber gelb müssen sie sein!

Genau so wie die Höhlenwände, die sorgfältig mit einem
Schwamm in warmen Tönen getüncht werden.

Was ist das jetzt für eine Atmosphäre!

War es wirklich der Sonnenstrahl?
Oder waren es die vielen Ideen der Kinder,
die mit Lust, Freude und vielen Händen
ihre „gelbe Höhle" geschaffen haben?!

„Ob jemand diese Höhle besucht?" –
Fast müssten wir Eintrittskarten verteilen!

nach einer Idee von Jutta Walgern
(Erzieherin in der psychomotorischen Kindertagestätte Wolke 7
in Bonn)

Farbenvielfalt der Natur

Licht*

> *„Mein Stern wird für dich einer der Sterne sein.*
>
> *Die Leute haben Sterne,*
>
> *aber es sind nicht die gleichen.*
>
> *Für die einen, die reisen,*
>
> *sind die Sterne Führer.*
>
> *Für die anderen*
>
> *sind sie nichts als kleine Lichter."*

aus: „Der kleine Prinz" von Antoine de Saint-Exupéry

Licht und Farbe bestimmen das „Klima" eines Raumes und beeinflussen durch „Wärme" oder „Kälte" Stimmungen und Wohlbefinden des Menschen. Licht ist Leben – einfacher lässt sich die Verknüpfung von Licht und Leben nicht beschreiben.

„Licht stellt einen wesentlichen, sogar lebensnotwendigen Umweltfaktor für den Menschen dar" (Dickel 1976, zit. nach Walden/ Schmitz 1999, 88). Physiologisch besteht eine Verbindung zwischen Auge und Sehzentrum sowie zwischen Hypophyse und Zwischenhirn. Damit erklärt sich der Einfluss des Lichteinfalls auf Körpertemperatur, Stoffwechsel, Herzschlag, Gehirntätigkeit und Hormonproduktion. Ohne Licht können wir nichts sehen, wir haben keine Orientierung, Licht ist ein wesentlicher Informationsträger. Das Auge ist dabei das wichtigste Sinnesorgan, das zur visuellen Orientierung in unserer Umwelt beiträgt. Es empfängt ca. 80% aller Informationen, dessen Aufnahme ohne das Licht allerdings nicht möglich wäre. Das Licht nimmt Einfluss auf unser Wohlbefinden und unsere Stimmung. Das Beleuchtungsniveau, die Lichtfarbe, die Schattenwirkung bzw. der Wechsel von Hell-Dunkel beeinflussen augenblickliche Empfindungen und bestimmen den Lebensrhythmus des Menschen. Ungenügendes oder gar kein Licht ruft Unsicherheit hervor. Wir haben gelernt, das Licht als Funktionsträger zu nehmen der hilft, uns in der Umwelt zu orientieren und Abläufe des Tages wahrzunehmen. Das Morgenlicht beispielsweise vermittelt eine andere Stimmung als das Abendlicht, der Sonnenaufgang eine andere als der Sonnenuntergang.

---

*) Die Grundlage für den Inhalt dieses Kapitels hat der Architekt und Lichtplaner Dirk Mailänder geschaffen.

Aber was ist Licht eigentlich? Wir kennen „natürliches Licht" und „Kunstlicht" in seiner facettenreichen Vielfalt. Sonnenlicht, Mondlicht, Sternenlicht, Glühwürmchenlicht und Gewitterblitze faszinieren uns seit vielen Jahrhunderten mit ihren Erscheinungen. Das Sonnenlicht ist für den Menschen die optimalste und ursprünglichste Lichtquelle. Es hat ein gleichmäßiges Farbspektrum, das heißt, die Wiedergabe der unterschiedlichen Farben in der Umgebung ist sehr gut. Sonnenlicht flackert nicht, es ist konstant, verändert aber im Tagesverlauf seine Lichtfarbe.

Tagsüber ist es ein weißes Licht, das bis zum Sonnenuntergang immer warmtoniger wird, da die Rotanteile dann überwiegen. Unzählige Fotografien dokumentieren diese Faszination der Abendstimmung vor allem in einer Naturumgebung in den Bergen oder am Meer. Das Licht des Feuers begann der Mensch vor 300 000 Jahren als Wärme- und Lichtquelle zu nutzen. Die leuchtende Flamme ermöglichte ein Leben in Höhlen, in die nie ein Sonnenstrahl gelang. Noch heute übt die rot-gelbe Farbe und das Flackern der Flamme beim Lager- und Kaminfeuer einen warmen und beruhigenden Einfluss auf den Menschen aus. Im Laufe der Jahrhunderte entwickelten sich immer neuere Lichtquellen, die uns als „Kunstlicht" bekannt sind. Leuchtstofflampen-, Bildschirm- und Laserlicht werden als Stimmungsträger vom Menschen eher negativ wahrgenommen, Kerzenlicht, Licht der Öllampe, Petroleumlampen-, Gasflammen-, Feuerwerks- und Glühlampenlicht dagegen empfinden wir meist positiv. Um dem menschlichen Bedürfnis nach optimaler Lichtausnutzung nachzukommen, hat die Entwicklung von Lampen und Leuchten in den letzten Jahrzehnten einen dynamischen Verlauf genommen, die modernste Technologien, neue optische Systeme, neue Wirkstoffe, optimale Wirschaftlichkeit und zunehmend aktuelle Umweltbelange mit einbezieht.

Doch bei all diesen Entwicklungen wird dem Kriterium der Lichtatmosphäre viel zu selten Rechnung getragen. So steht in öffentlichen Gebäuden, zu denen auch in den meisten Fällen pädagogische Einrichtungen wie Kindertagesstätten und Schulen zählen, meist ausschließlich der Wirtschaftlichkeitsfaktor im Vordergrund, der die Lichtplanung nach spezifischen DIN-Normen bestimmt. Die für die kindliche Entwicklung notwendigen Wahrnehmungsbedürfnisse werden von den zuständigen Verantwortlichen eher weniger beachtet. Ein grober Fehler, findet doch in diesen Räumen Entwicklung und Fantasie von Kindern statt, die auch von einer harmonischen Lichtatmosphäre getragen wird.

Ruhe-/Entspannungsraum einmal anders!

Heute weiß man, dass natürliche Lichterscheinungen eine hohe Faszination haben, angenehme oder unangenehme Erinnerungen hervorrufen und ganz tief berühren können. Sogar der Einfluss auf unser Wahrnehmungssystem ist bekannt, was vor allem im therapeutischen Zusammenhang genutzt wird. So gehören Licht- und Farbspiele eines „Snoezelraumes" zum therapeutischen Alltag in integrativen Einrichtungen. Lichterscheinungen, die im natürlichen Licht vorkommen, dienen als Gradmesser, als das Original dafür, was im Kunstlicht erscheinen soll. Die Stimmung, die beispielsweise von einem trüben Herbsttag ausgeht, lässt sich auch in Gebäuden mit Kunstlicht wiederfinden.

Licht ist also Informationsträger, aber auch Stimmungsträger und sollte deshalb bei der Lichtplanung vor allem von Kindergärten, Schulen und anderen pädagogischen und therapeutischen Einrichtungen gestalterisch beachtet werden. Kindern in ihrer Entwicklung die Möglichkeit zu geben, in vielfältigen Umweltsituationen eine Differenzierung von Licht wahrzunehmen, ist bei der Planung wichtig. Eine Differenzierung der Lichtverhältnisse von Hell-Dunkel-Nuancen entspricht den Stimmungsschwankungen des Menschen und ist schon deshalb ein wichtiges Gestaltungsprinzip. Die schattenlos wirkenden Leuchtstofflampen sind wirtschaftlich günstig und erreichen eine optimale Lichtausbeute, vernachlässigen aber jegliche Licht- und Schattenwirkung. Die Schönheit des Schattens kann als ästhetisches Element genutzt werden. Eine gut abgestimmte Lichteinwirkung bewirkt neben einer harmonischen Lichtatmosphäre, dass die Farben im Raum in ihrer Wirkung differenzieren. Für den Beleuchtungsbereich bedeutet dies, dass in den Räumen nicht alle Ecken und Gegenstände gleich ausgeleuchtet werden sollten. Vielfältiges, kindliches Spielbedürfnis setzt differenzierte Lichtverhältnisse voraus. Die Tätigkeiten wie Malen, Basteln, Experimentieren, Bilderbuch betrachten benötigen ein anderes Beleuchtungsniveau als die Tätigkeiten beim Rollenspiel, Entspannen, Zurückziehen u.ä. Kinder brauchen einerseits Räume, die sehr ansprechende, direkte Lichtquellen haben und eine Lichtverbindung nach draußen zulassen, andererseits sollte die Vorliebe für Höhlen und Nischen berücksichtigt werden, die ihren Reiz in der Dunkelheit haben. Hier steht das Suchen, Finden, Tasten, Orientieren im Vordergrund des kindlichen Erlebens.

Licht und Schatten in der Kunst …

Die Badenden (Les baigneurs) von Picasso 1956

… und im Kindergarten

Literatur: Lob des Schattens (Jun'ichiro)

Farbe und Licht können zu einer interessanten Raumgestaltung beitragen.

In der Lichtgestaltung ist es also von Vorteil, Räumlichkeiten mit kleinen „lichttechnischen Besonderheiten" zu schaffen. Lichtpunkte können dabei Stimmungsträger sein und wahre Traumlandschaften schaffen (siehe Arbeitsanleitung S. 107). Wenn es gelingt, mit wenig Maßnahmen unterstützend auf das Wahrnehmungssystem der Kinder zu wirken, können über ungewöhnliche Lichtsituationen Fantasie gefördert und Wahrnehmungsreize geschaffen werden. Im folgenden Kapitel werden wir einen Blick in den „Lichtalltag" von Kindergärten werfen, um konkrete Vorgehensweisen und Vorschläge zur Umgestaltung von Beleuchtungsplanung zu ermöglichen.

... und dann geht uns ein Licht auf!

Grundsätzlich gilt, dass optimalerweise alle Räume mit so viel Tageslicht wie möglich ausgestattet werden sollten.

In aller Regel ist in pädagogischen Einrichtungen der technische Standard wie Leuchtstofflampen und Energiesparlampen vorhanden. Diese Beleuchtung gewährleistet eine relativ gute Farbwiedergabe, auch der wirtschaftliche Aspekt wird berücksichtigt. Um aber eine optimale Beleuchtungsgestaltung zu erreichen, die dem menschlichen Wahrnehmungsbedürfnis entspricht, geben folgende Kriterien Auskunft über die Eigenschaften von vorhandenem Kunstlicht.

Was kann beim Kunstlicht unangenehm und störend sein?

✓ Blendung
✓ Lichtflackern
✓ Neutral-weiße (kalte) Lichtfarbe
✓ keine Schattigkeit, d.h. zu gleichmäßiges Licht
✓ schlechte Farbwiedergabe
✓ schwierige Farbigkeit der Wände und Decken
✓ zu wenig Licht an den wichtigen „Aktionsstellen"
✓ schlechte Lichtverteilung im Raum
✓ direkte Sicht der Leuchtstofflampen bei „Geradeaus-Blick" (fehlende Abschirmung)

Mit relativ geringem finanziellen Aufwand kann man zu kalte Leuchtmittel durch warmtonige Lichtfarben austauschen.

Das Licht eines Strahlers wirkt mild und klar und erscheint wie ein Sonnenstrahl.

Zusatzbeleuchtung

Eine umfassende Beleuchtungsveränderung muss nicht immer mit hohen Kosten verbunden sein. Es geht nicht darum, die vorhandene Beleuchtungsanlage auszutauschen, sondern vielmehr ist das Mischen von vorhandener und zusätzlicher Beleuchtung zweckmäßig. Additive Maßnahmen lassen den Raum meist freundlicher und sonnenlichtähnlicher wirken. Kleine Strahler, Halogenstrahler mit Nieder- oder Hochvolt, die man dimmen kann, können einem Raum das Sonnenlicht geben, was ihm oft fehlt. Strahler beispielsweise wirken mild und klar und erscheinen wie Sonnenstrahlen. Sie geben dem Raum oft die fehlende „Wärme", da dieses Licht in Analogie zum natürlichen Sonnenscheinlicht steht, und dem Tageslicht sehr ähnlich ist.

Neben den Strahlern bieten sich die im Handel meist recht günstig angebotenen Stehlampen, Deckenfluter, Wandlampen, Deckenlampen und Tischlampen an, die eine differenzierte Beleuchtung zulassen und dem wechselnden Lichtbedarf bei den Tätigkeiten der Kinder entgegenkommen. Ideal ist es, wenn die Kinder die Lampenschalter selbständig bedienen können. Grundsätzlich ist darauf zu achten, dass die Sicherheitsbestimmungen eingehalten werden.

✓ Halogenlampen dürfen wegen ihrer hohen Hitzeentwicklung nicht von Kindern berührt werden, eine Glasabdeckung muss als Schutz vorhanden sein.

✓ Tischlampen so aufstellen, dass sie von den Kindern nicht vom Tisch oder Regal gestoßen werden können.

✓ Stehlampen und Deckenfluter sollten so platziert werden, dass das zugehörige Kabel nicht zur „Stolperfalle" wird.

✓ Lichtschalter so anbringen (bei nachträglichem Einbau), dass sie von den Kindern problemlos erreicht werden können (DIN-Normen beachten: 105 cm vom Boden).

Bei allen atmosphärischen Gestaltungsveränderungen sollte eine bestimmte Helligkeit in den Aufenthaltsräumen vorhanden sein. Die Empfehlung liegt bei 200-300 Lux pro Raum, da hierbei das Auge die geringste Anstrengung beim Erkennen der Gegenstände benötigt und Farben gut erkannt werden.

„Lichtspiele"

In pädagogischen Einrichtungen ist es zweckmäßig alle Räume als Aufenthaltsräume zu deklarieren. Zwischenräume, also auch Flure, müssen meist ausschließlich künstlich beleuchtet werden. Wenn diese Räume Aufenthaltsqualitäten haben sollen, muss man mit hellen, warmtonigen Farben und natürlichen Materialien wie Holzfußboden, Korkboden u.ä. gestalterische Akzente setzen.

Bevor man in die Lichtumgestaltung, also in die Lichtplanung geht, können folgende Fragen hilfreich sein:

✓ Wie sind die einzelnen Räume ausgeleuchtet?

✓ Welche Lichtquellen sind vorhanden? Leuchtstofflampen, Glühlampen, Halogenglühlampen?

✓ Wie ist die Art der Ausleuchtung? Direkt-indirekt, von obenseitlich, diffus-gerichtet, sanft-grell etc.

✓ Wie ist die Art der Leuchtmittelabschirmung? Gut, mäßig, gar nicht vorhanden, sehr starke Blendung.

✓ Wie ist die Lichtfarbe? Kalt, mittel, warm, dimmbar, nicht dimmbar.

✓ Besteht die Möglichkeit, unterschiedliche Lichtstimmungen zu erzeugen?

✓ Was sind die aus Ihrer Sicht größten Mängel?

✓ Was wünschen Sie sich für diesen Raum?

In einer Checkliste, die Sie auf Seite 108 in diesem Kapitel finden, können Sie die Fragen beantworten und entsprechend eintragen. Nach dieser ausführlichen „Analyse" gehen Sie dann Schritt für Schritt vor:

1. Besprechen Sie in Ihrem Team den „status quo" Ihres Raumes bzw. der Räume.

2. Versuchen Sie nach den in diesem Kapitel beschriebenen Erläuterungen Ihre Wünsche zur Veränderung der Lichtgestaltungen sachlich zu begründen.

3. Ist der Umfang der Veränderungen nicht zu groß, so versuchen Sie einen realistischen Kostenplan aufzustellen. Im Elektrofachhandel ist man ihnen bestimmt dabei behilflich! Vielleicht finden Sie auch einen engagierten, elektrisch fundierten Vater unter Ihren Eltern, der Sie dabei beratend unterstützen kann.

4. Mit der Checkliste, dem „status quo" des Raumes, den sachlichen Argumenten und dem daraus resultierenden Kostenplan gehen Sie zu Ihrem Träger und erläutern Ihr Vorhaben.

Es ist hilfreich, wenn Sie sich vorher pädagogische Einrichtungen angeschaut haben, in denen eine gelungene Beleuchtungsgestaltung vorhanden ist. So entwickelt sich bei Ihnen ein genaueres Problembewusstsein und Sie können ihr Vorhaben und Ihre Ideen besser in sachliche Argumente einbetten.

Bei großen Projekten sollten Sie auf jeden Fall Fachleute zu Rate ziehen. Menschen mit Lichterfahrung, die „von außen kommen", sehen meist mit einem Blick, wie die vorhandene Lichtatmosphäre ist und welche Veränderungen notwendig sind.

... Und nun zur Praxis

Um eine differenzierte Ausleuchtung zu erzielen, können teilweise vorhandene Leuchtkörper gedimmt, d.h. die Leuchtkraft kann reduziert werden. So ist das Glühlampenlicht und das Halogenlicht dimmbar, wobei mit zunehmender Dimmung das Licht wärmer wird und damit dem Abendlicht entspricht. Die Lebensdauer der Lampen wird dabei um ein Mehrfaches erhöht. Leuchtstofflampenlicht ist i.d.R. nicht dimmbar. Kaltes Licht bleibt auch gedimmt kaltes Licht. Energiesparlampen sind nicht dimmbar.

Es gibt zwei verschiedene Dimmerarten: den Tast- und den Drehdimmer. Das nachträgliche Dimmen erfordert ein Austauschen des vorhandenen Lichtschalters und sollte grundsätzlich von einem Elektrofachmann durchgeführt werden.

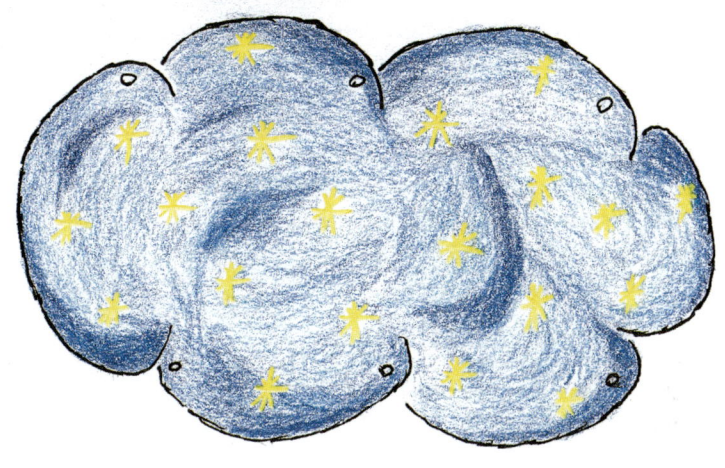

DIE BEFESTIGUNG

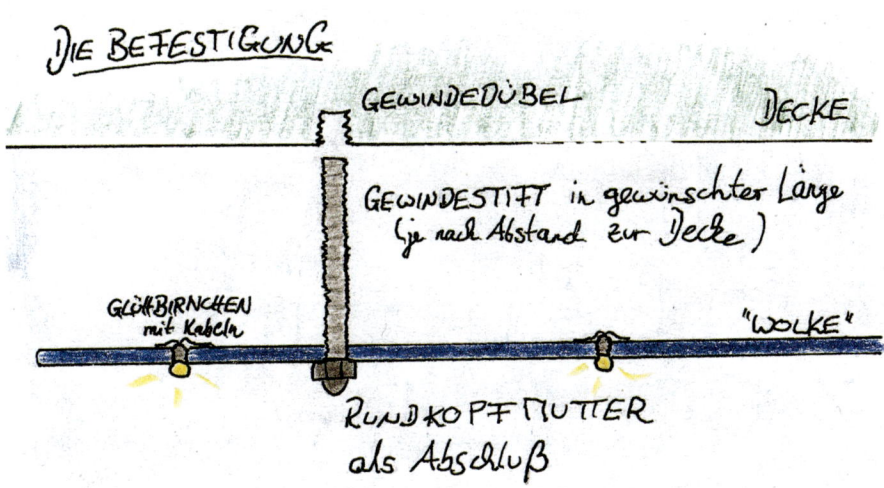

GEWINDEDÜBEL

DECKE

GEWINDESTIFT in gewünschter Länge
(je nach Abstand zur Decke)

GLÜHBIRNCHEN
mit Kabeln

"WOLKE"

RUNDKOPFMUTTER
als Abschluß

„Sternenhimmel"

Der „Sternenhimmel" ist ein Beispiel für eine zusätzliche Beleuchtungsgestaltung, die einen (Neben-) Raum, einen Entspannungs-, Rückzugs- oder Ruhebereich atmosphärisch verändern kann. Die Größe des Himmels können Sie frei gestalten genauso wie die Form und Farbe. Idealerweise kann ein „Sternenhimmel" über ein Wasserbett, eine Matratze, Kissen o.ä. gehängt werden. Der Sternenhimmel muss so angebracht werden, dass die Kinder ihn nicht berühren können.

Wie gehe ich vor?

- Bei alten Bauten ist wegen der Aufhängung die Beschaffenheit der Decke zu prüfen (z.B. Beton, Holz, Rigips, abgehängte Decke etc.)

- Ein normaler Lampenanschluss an der Decke ist ausreichend, allerdings muss die elektrische Anlage insgesamt aufeinander abgestimmt sein.

- Die Beleuchtungsstärke für den Sternenhimmel ist abhängig von den übrigen Lichtquellen im Raum.

- **Vor** der Aufhängung des Sternenhimmels die übrige Gestaltung des Raumes bzw. der Ecke festlegen.

Materialliste

✓ Sperrholzplatte
  (kann z.B. als Wolke gesägt werden)

✓ 6 Gewindestäbe zur Aufhängung (die in entsprechender Länge gesägt werden)

✓ 6 Muttern mit Rundkopf

✓ 6 Dübel (Dübelauswahl abhängig von Deckenbeschaffenheit)

✓ Sternenhimmel-Einbauleuchten-Set (im Baumarkt oder Elektrohandel erhältlich) oder

✓ Niederdruck-Stiftsockellampen oder LED-Licht mit entsprechendem Zubehör

Checkliste – Licht

Stellen Sie fest, welche Kunstlichtqualitäten und welche Mängel die von Ihnen benutzten Räume haben:

Raum: _____

Vorhandene Lichtquellen:
(z.B. Leuchtstofflampen, Glühlampen oder Halogenglühlampen)

Art der Ausleuchtung:
(z.B. direkt – indirekt, von oben – seitlich, diffus – gerichtet)

Art der Leuchtmittelabschirmung:
(gut – mäßig – gar nicht vorhanden – sehr starke Blendung)

Lichtfarbe:
(kalt – mittel – warm, dimmbar – nicht dimmbar)

Besteht die Möglichkeit, unterschiedliche Lichtstimmungen zu erzeugen?

Was sind aus Ihrer Sicht die größten Mängel?

Was wünschen Sie sich für den Raum?

Fenster

Fenster erlauben eine Verbindung von drinnen nach draußen.
Kinder haben so einen Ausblick in ihre Welt.
Sie schauen in den Garten, auf Bäume, Büsche, Spielgeräte und
beobachten andere Kinder.
Sie sehen die vorüberziehenden Wolken, den Regen, die Vögel.
Sie können beobachten, wie das Sonnenlicht durch die Fens-
terscheibe scheint, Blumensamen wachsen und Blütenblätter
trocknen lässt.

Plexiglasröhren, in denen bunte Chiffontücher stecken, verändern das weiße Sonnenlicht und lassen brillante Farbstrahlen in den Raum scheinen.

Ein Glaskristall schillert in allen Farben.

Fenster verbinden den Raum von drinnen nach draußen,
durch sie wird den Kindern die Welt gezeigt, in der sie leben.
Auf der Straße sehen sie die Menschen und Autos, die im Alltag
vorüber huschen.

Ausblicke ...

Fensterbänke sind meistens zu schmal.

Mit geringem Aufwand können sie in einen Arbeitstisch verwandelt werden.

Die Zeichnung zeigt ein Beispiel, nach dem Sie nachträglich Fensterbänke in der Tiefe verändern können.

✓ Befestigen Sie die Eisenwinkel an der Wand.

✓ Dann schrauben Sie die zusätzliche „Fensterbank" (auf Zuschnitt im Baumarkt zu bekommen) auf diese Winkel.

✓ Die Länge des Winkels ist zu beachten, um eine ausreichende Stabilität zu erreichen.

✓ Der Raum zwischen alter und neuer Fensterbank wird mit Silicon ausgespritzt.

Fensterbänke vertiefen

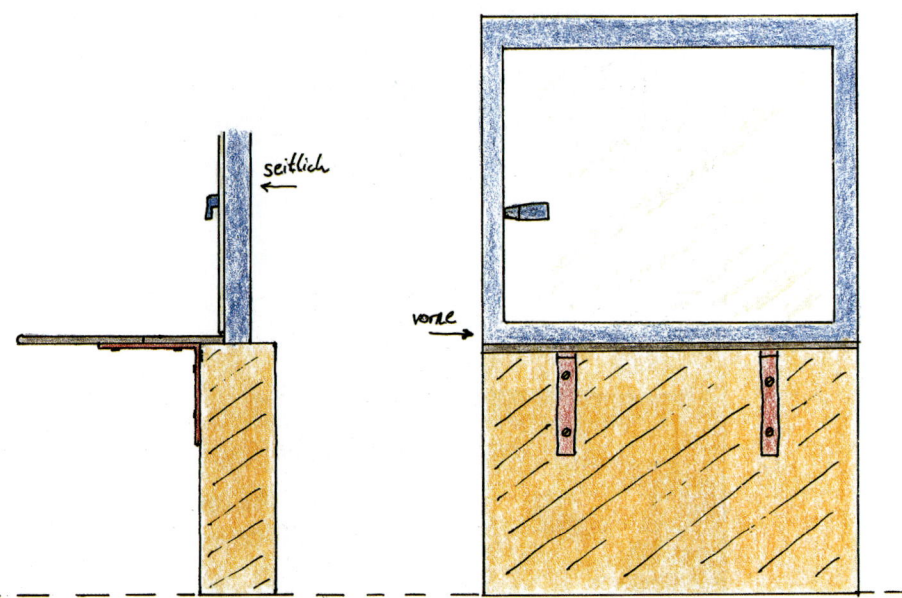

Es gibt Architekten die Kindergärten bauen,
bei denen die Fenster so hoch sind, dass die Kinder nur in den
Himmel schauen können. „...Wie im Gefängnis" hat Korczak
einmal gesagt. Menschliches Wohnen braucht den Blick nach
draußen. Die Erwachsenen vergessen manchmal, dass Kinder
einen anderen Maßstab haben.
Dann können Podeste Abhilfe schaffen, die sich an den Maßstab des Kindes anpassen und die Brüstungshöhe verändern.
Von Schreinern angefertigt, können für jede Räumlichkeit und
jedes Maß Podeste gebaut werden.

Literatur:
Das Recht des
Kindes auf
Achtung
(Korczak)

Baubereich für U3-Kinder

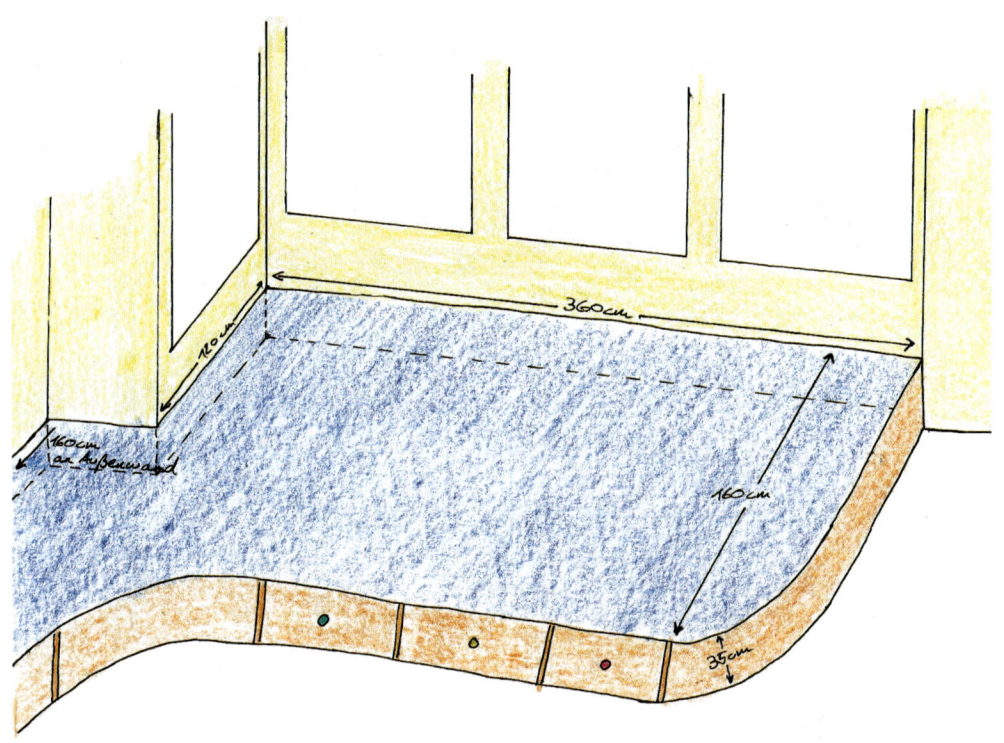

Entwurf nach Lensing-Conrady

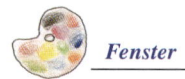

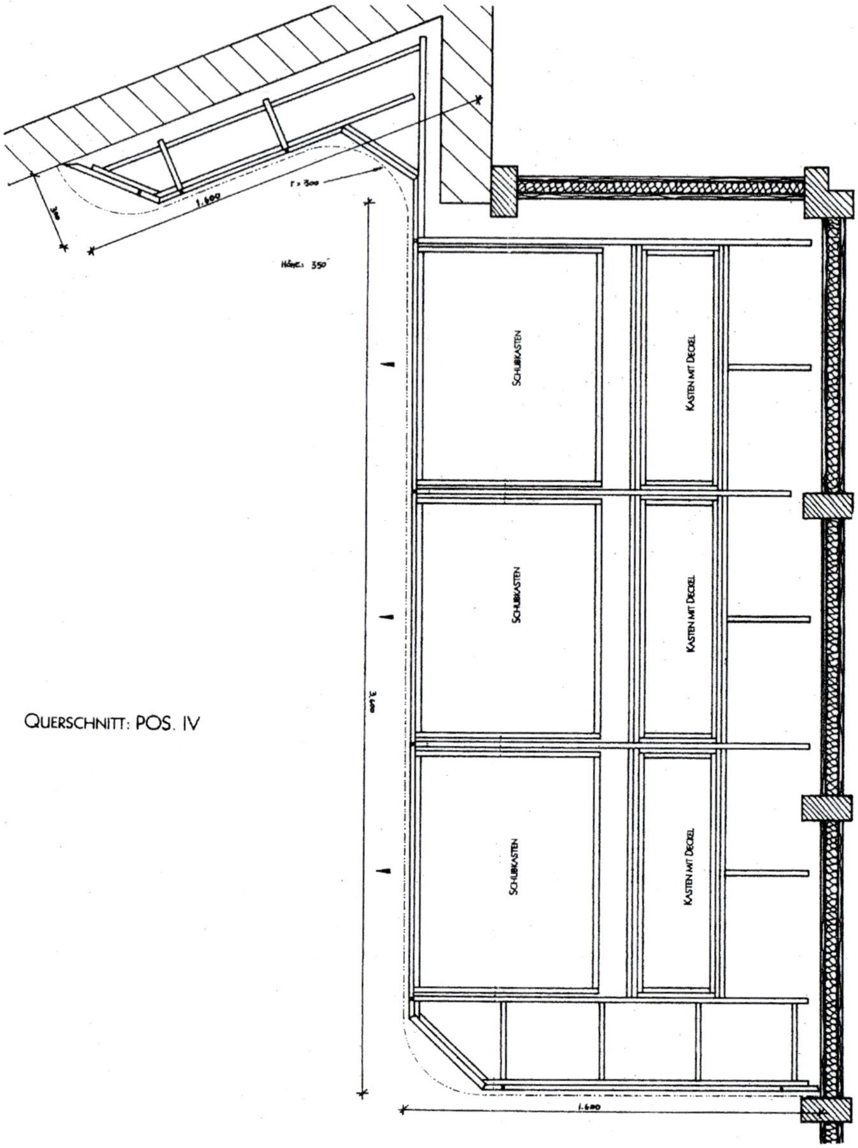
r = 800
1.600
300
Höhe: 350
3.600
Schubkasten
Kasten mit Deckel
Schubkasten
Kasten mit Deckel
Schubkasten
Kasten mit Deckel
1.600

Querschnitt: POS. IV

POS. IV
Raum: Entspannung
Möbel: Podest

INNEN RAUM	Immobilien- und Einrichtungsberatung
Kay-M. Rosansky	
Tel/Fax 0 52 46/88 78	
Mobil: 01 72/5 23 01 03	
Projekt:	Kindertagesstätte Kessenich
Auftraggeber:	Stadt Bonn, Amt 65.1.
Planungsziel:	Ausführungsplanung (Pos. IV)
Gezeichnet:	Kay-M. Rosansky
Datum:	26.-29.KW Blatt: 5
Maßstab:	1:10

I N N E N R A U M

Zeichnung: Kay-M. Rosansky

Möbel

.. Und lasst Musik erklingen!

Zu viele Stühle, Tische, Regale etc. schränken den Freiraum beim kindlichen Spiel genauso ein wie den Bewegungsdrang.

Flexiblere Lösungen können durch alte Möbel oder durch vom Schreiner angefertigte Einzelteile geschaffen werden. Das ist meist nicht nur kostengünstiger, sondern verleiht den Räumen zudem noch eine wohnlichere Atmosphäre.

Ein alter Brotschrank beispielsweise verwandelt sich in ein Puppenhaus, das auch auf kleinsten Fluren Platz findet.

Kommoden mit vielen Schubladen sind nicht nur ein schöner Anblick, sondern noch nützlich dazu!
Übersicht und Ordnung fallen hierbei leicht.

Offene, überschaubare Regale präsentieren den Kindern
ausgewählte Spielmaterialien und Lesestoff.

Möbel, Farben, Stoffe, Licht geben diesem Raum eine gemütliche und wohnliche Atmosphäre.

Wie man auf originelle und nützliche Art Stiefel unterbringen kann, zeigen diese Beispiele.

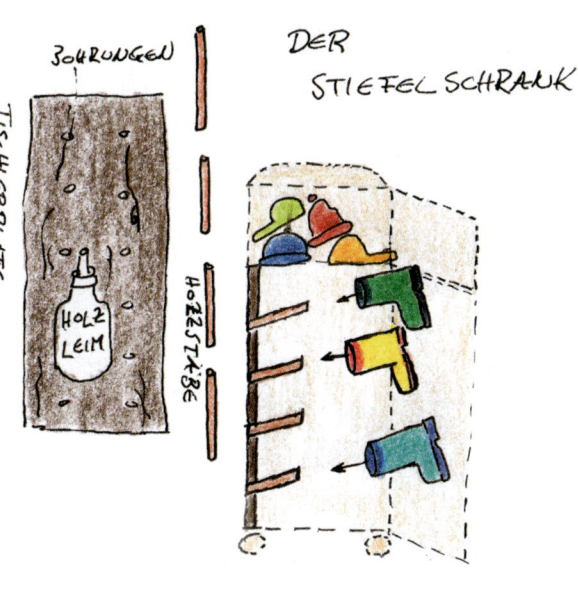

BOHRUNGEN

TISCHLERPLATTE

HOLZ LEIM

HOLZSTÄBE

DER STIEFELSCHRANK

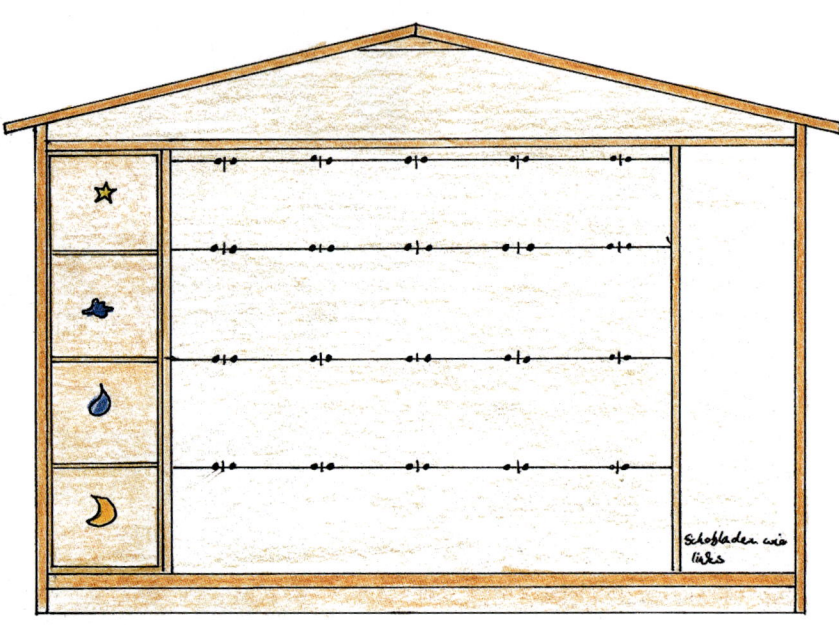

Das Stiefelhäuschen

Entwurf nach Lensing - Conrady

 Dieses Stiefelhaus in der psychomotorischen Kinder-
tagesstätte umgibt eine kleine Geschichte.

Als wir in der Planung unserer Kindertagesstätte
waren, griffen eine Schulklasse von angehenden
ErgotherapeutInnen die Idee auf, „etwas für die
Kinder dieser Einrichtung herzustellen".

Die Abschlussarbeit dieser Ausbildung im Fach Holzkunde war
für uns ein Glücksfall.

Hochmotiviert engagierten sie sich gemeinsam mit ihrem
Holzlehrer dafür, uns vier Stiefelhäuser – für jede Gruppe ein
eigenes – herzustellen.

Das Ergebnis sehen Sie hier und kann an Hand der Zeichnung und des Fotos nachgebaut werden.

Wer kennt in der Kindertagesstätte das Problem nicht:
Jeden Mittag werden in Neben- und Bewegungsräumen die
Betten gestellt, damit die Kinder ihre Mittagsruhe halten kön-
nen.

Schlafpodeste lösen nicht nur das Schlafproblem, sondern
schaffen zudem noch zusätzliche, für Kinder attraktiven Platz
zum Spielen.

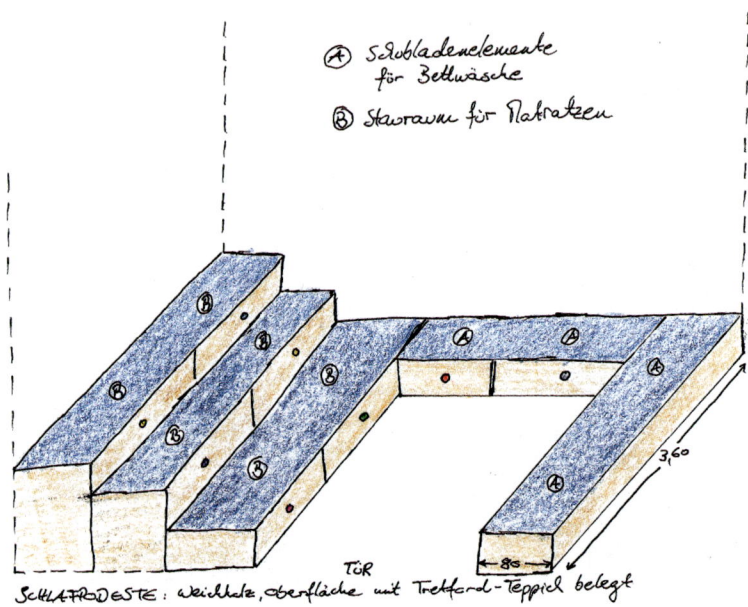

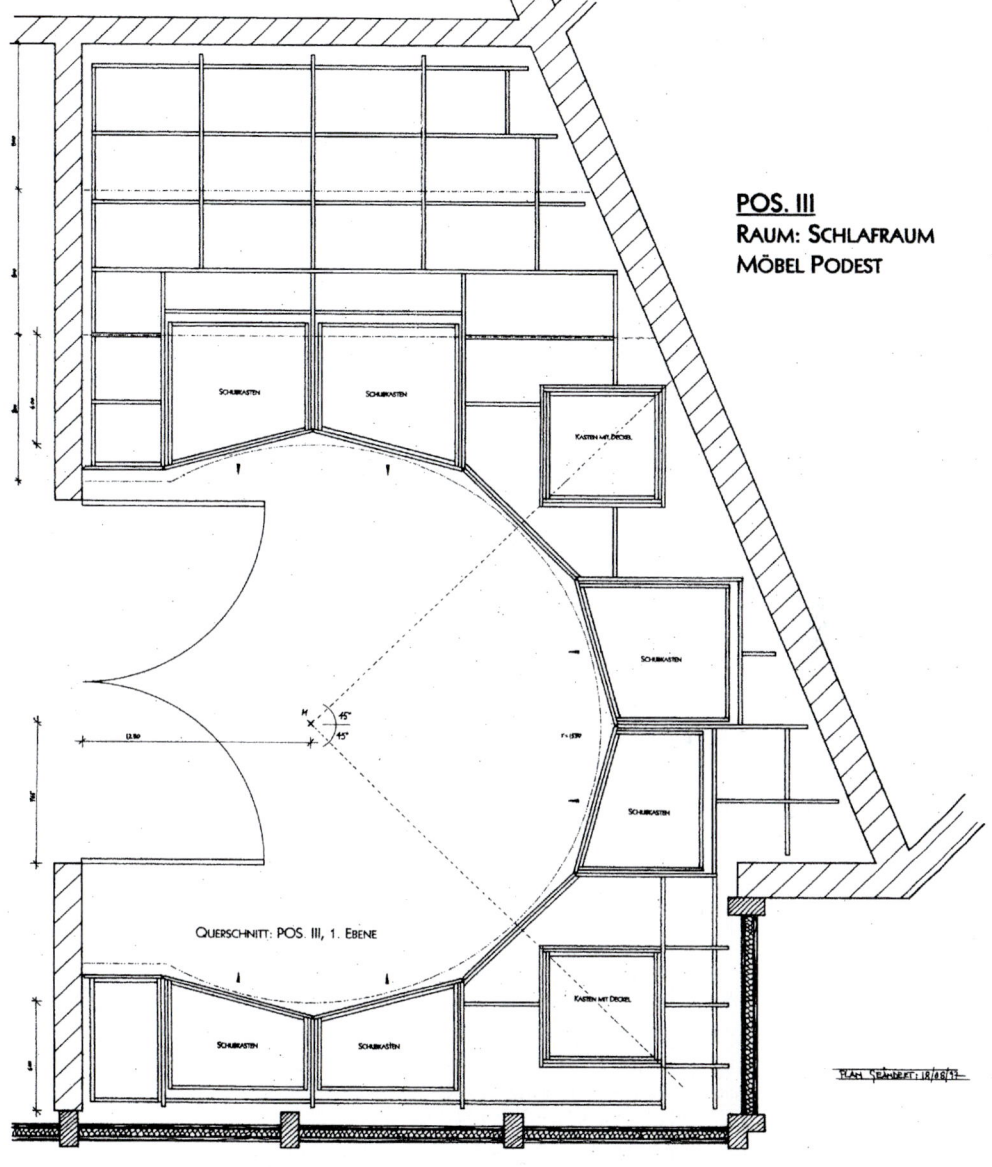

POS. III
RAUM: SCHLAFRAUM
MÖBEL PODEST

QUERSCHNITT: POS. III, 1. EBENE

Zeichnung: Kay-M. Rosansky

ANSICHT POS. III

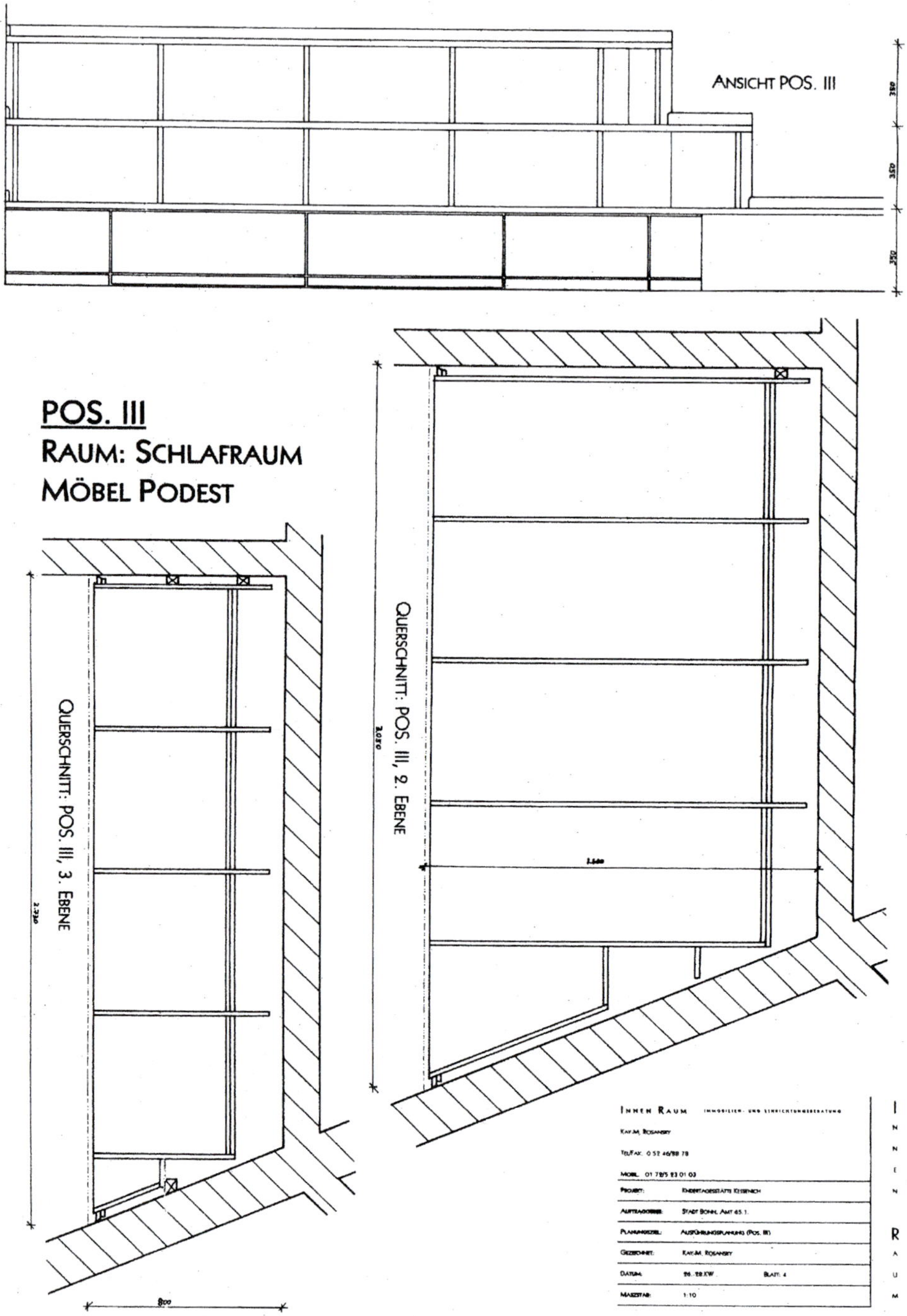

POS. III
RAUM: SCHLAFRAUM
MÖBEL PODEST

QUERSCHNITT: POS. III, 3. EBENE

QUERSCHNITT: POS. III, 2. EBENE

INNEN RAUM   IMMOBILIEN- UND EINRICHTUNGSBERATUNG

Kay-M. Rosansky	
Tel/Fax: 0 52 46/88 78	
MOBIL: 01 78/5 93 01 03	
PROJEKT:	KINDERTAGESSTÄTTE IDSTEDICH
AUFTRAGGEBER:	STADT BOHN, AMT 65.1
PLANUNGSZIEL:	AUSFÜHRUNGSPLANUNG (POS. III)
GEZEICHNET:	KAY-M. ROSANSKY
DATUM:	16. 59.EW	BLATT: 4
MAßSTAB:	1:10

I N N E N R A U M

Zeichnung: Kay-M. Rosansky

Die Idee, das Frühstück gruppenübergreifend in den Flurbereich unterzubringen, ist nicht neu. Meist scheitert das Vorhaben daran, dass der Flur zu eng ist, die Stühle im Gruppenraum benötigt werden oder die Sorge um ein unruhiges Frühstück zu groß ist.
Die angefertigten Bänke, die in dieser Eingangshalle Platz finden, lösen einen Teil dieser Probleme.

... Und laut ist es meistens nicht!
Die Kinder genießen die Gemeinschaft am Morgen,
die sie zu Hause meist nicht haben.
Eine Erzieherin darf sich selbstverständlich dazu setzen!

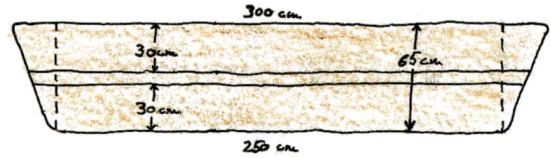

Weichholz massiv

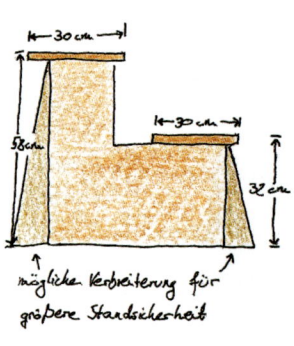

mögliche Verbreiterung für
größere Standsicherheit

Entwurf nach Lensing-Conrady

Weniger ist manchmal mehr!

Spielmaterial ist in zahlreichen Einrichtungen eine wahre Reizüberflutung für viele Kinder.
Ungeordnet, überfüllt und wenig ansprechend sind die Materiali-
en häufig präsentiert.

Wenige Spiele, ausgewähltes Material und übersichtlich geordnet hilft es vielen Kindern, Struktur in ihr Spiel zu bringen.
Sie beschäftigen sich über einen längeren Zeitraum mit **einer**
Sache und erfahren die Prozesse dabei, die für eine gesunde
kindliche Entwicklung wichtig ist.
Nach einer gewissen Zeit können die Spielmaterialien ausgetauscht werden.

Nicht so ...

... sondern so!

139

Kleine Staffeleien erleichtern den Kindern
den Blick auf das Wesentliche!

Knüpfen, Flechten und Weben sind Tätigkeiten im Kindergartenalltag.

Vielfalt in Form, Stoffstruktur und Füllung

Malen ist eine elementare Tätigkeit von Kindern, fördert Kreativität und Fantasie und sollte im Kindergartenalltag unterstützt
werden. Deshalb ist es wichtig, Bedingungen so zu schaffen,
dass dieser Entwicklungsprozess möglich ist.

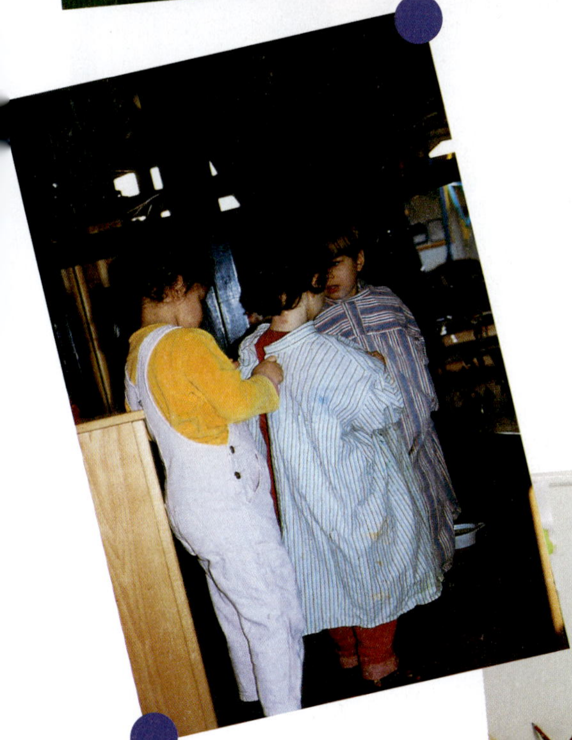

Übersichtlich sortierte Malutensilien erleichtern den Kinder die Auswahl der Farben und Pinsel.

Die Präsentation von Bastelarbeiten sollte den ästhetischen Anforderungen genügen, die wir auch als Erwachsene haben.

Jedes Bild ist ein Kunstwerk des Kindes und sollte entsprechend präsentiert werden, ... nicht nur für die Eltern!
Die Transparenz unserer Wertschätzung von einer Arbeit stärkt das Selbstbewusstsein des „Künstlers" und motiviert zu neuen Werken!

Kinderbilder eingebettet in das Thema „Wir entdecken unsere Sinne"

Große Werke brauchen großräumigen Arbeitsplatz!

Das Kunstwerk eines Kindes: „Seilartist"

Gute Voraussetzungen zum kreativen Bauen.

... und lässt so die höchsten Türme entstehen!

Und noch etwas zum Thema Bauen!

Kleider machen Leute!

Alltagsbeschäftigungen können im Rollenspiel erprobt werden.
Dazu sind kindgemäß gestaltete Orte wichtig, um den Kindern
eine „wohnliche" Atmosphäre zu geben.

Originalität braucht dabei nicht zu fehlen!

Ein ausgewähltes Angebot an Kleidern, Schuhen, Taschen,
Perücken ...

... verwandelt jedes Kind in die
Person, die es schon immer
sein wollte!

Eine alter Tischspiegel lädt zum Schminken und Verschönern ein!

Entspannung / Nischen-Höhlen

Farbig bemalte Steine bilden die Spirale. Lichtmeditationen bieten Kindern gute Möglichkeiten zur Entspannung.

Rückzugsecken dürfen in keiner pädagogischen Einrichtung fehlen. Kartons, Höhlen, Ecken und Nischen sind dafür beliebte Orte.

Orte zum Lesen.

Übereinandergelegte Autoschläuche verwandeln sich schnell in ein Versteck!

Hängematten tragen zur Entspannung bei ...

... und schaffen vestibuläre und kinästhetische Reize.

170

*Vielseitig gestaltete Tastwände
können Wände in schmalen Fluren
verändern und ermöglichen Kindern
taktile Sinnerfahrungen.*

171

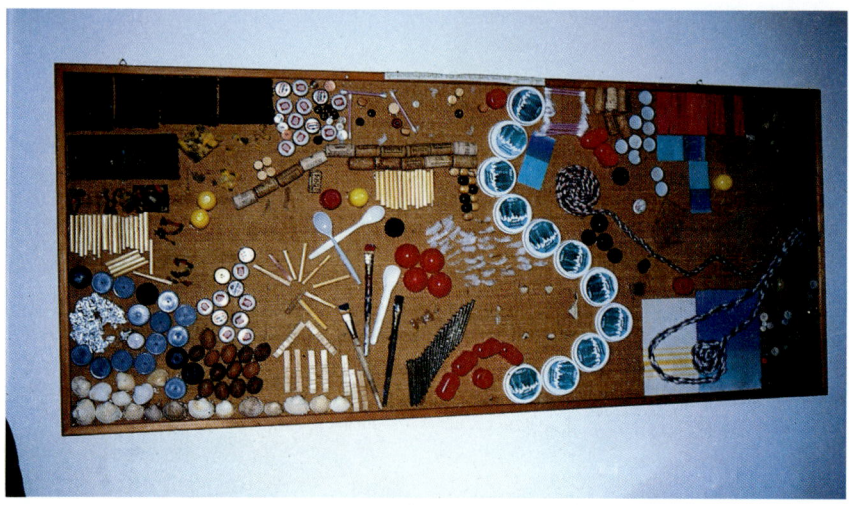

Eine Tastwand aus Alltagsmaterial

Ein Dränagerohr verwandelt ein Treppenhaus in eine große Kugelbahn und provoziert Bewegung!

Flure eignen sich oft dazu,
Bewegungsangebote für den
täglichen Kindergartenalltag
zu schaffen.

Ein alltäglicher Bewegungsraum
verändert mit viel Fantasie sein
Gesicht und dient so als regel-
mäßiger Bewegungsort von
Kindern.

Gartentore einmal anders!

Denken Sie bei Ihren Ideen daran, dass alles eine Perspektive
hat ...

... es ist nur eine Frage der
Sichtweise!

Kinder träumen in Wort und Bild

„Ich wünsche mir einen Kindergarten im Wald mit Bäumen und Blumen."

Selma, 5 Jahre

„.... viele Kinder zum Spielen und viel Sonnenschein"

Laila, 4 Jahre

„.... Schmetterlinge, Osterhasen und Sterne"

Jonas, 6 Jahre

„.... ein großes Fußballfeld und viele Kinder zum mitspielen"

Franz, 6 Jahre

„.... eine Leiter im Raum, damit ich überall dran komme"

Julia, 6 Jahre

„.... ganz viel Luftballons zum Spielen"

Johanna, 4 Jahre

„.... eine Schneckensammlung im Glas, die ich draußen beobachten kann"

Frederik, 6 Jahre

„.... einen Delphin zum Spielen"

Clara-Marie, 4 Jahre

„.... eine Bauecke mit Bauteppich und Körben mit ganz vielen verschiedenen Bausteinen"

Tim, 6 Jahre

„.... Türen mit Fenstern, damit ich den anderen Kinder beim Spielen zuschauen kann"

Sascha, 6 Jahre

„.... ein kunterbuntes Zimmer"   *Sarah, 3 Jahre*

„.... eine Leseecke mit einem alten Schrank, einem Lesesofa, einer Kiste mit Büchern, einem Aquarium und einem Kassettenrekorder"

Anna, 5 Jahre

„.... einen Regenbogen zum Spielen   *Fadona, 6 Jahre*

Marie, 5 J. Maltisch, Bücherregal, Herde, Nebenraum mit Tür zum Rausschauen (Fenster)

Hannah, 6 J. Die Ecke für die großen Kinder mit buntem Bänderdach und Sofa (in der Halle)

Selma, 6 J. Ein Kindergarten im Wald mit Blumen

Fadona, 6 J. Ein Regenbogen zum Spielen

Anna, 5 J. Leserecke: alter Schrank, Lesesofa, Kiste mit Büchern, Aquarium, Kassetten-recorder

Franz, 6 J. Fußballfeld zum Fußballkicken

Luzie, 6 J. Luzie und Julia beim Memoryspielen

Loe, 6 J. Kuschelecke mit Riesenkuschelkissen und Bilderbüchern und Loe

Dorothea, 5 J. Kindergarten mit buntem Ball

Julia, 6 J. Wir schauen aus den Fenstern und sehen die Kinder im anderen Raum

Höhle mit Treppenaufgang

Einige Gedanken zur Raumgestaltung für den U3 Bereich

Einige Gedanken zur Raumgestaltung für den U3 Bereich

Bereits 1946 befasste sich die ungarische Kinderärztin in der Forschung mit den wesentlichen Bedürfnissen des Kleinkindes und erkannte den großen Wert der selbstständigen Bewegungsentwicklung, da sie darin den positiven Einfluss auf eine gesunde und selbstbewusste Persönlichkeitsentwicklung sah. Unter diesen Aspekten sollte die Raumgestaltung in Räumen für U3 Kinder vorrangig betrachtet werden.

Es sind nicht die meist teuren und komplexen Spielmaterialien, die die Kinder zum Spielen, Erforschen und Experimentieren auffordern, sondern es genügen die einfachen Dinge und Ausstattungen, die eine vorbereitete Umgebung in dieser Entwicklungsphase ausmachen.

Nehmen wir ein Beispiel: wir beobachten ein kleines Kind, wie es sich mit einem Ball beschäftigt. Es versucht, hinter dem Ball her zu krabbeln, versucht ihn mit der Hand zu greifen, was meist nicht gelingt. Dieser rollt weiter, erneut probiert das Kleinkind sein Glück. Endlich fasst es diesen mit beiden Händen, setzt sich auf, betrachtet und greift den Ball, bevor sich dieser wieder rollend entfernt. Das Kind verfolgt aufmerksam mit seinen Augen den rollenden Ball und das Spiel geht von vorne los.

Das Kind lernt bereits in dieser frühen Entwicklungsphase physikalische Gesetzmäßigkeiten. Ein runder Gegenstand bewegt sich weiter, wenn er nicht gefangen, gehalten oder gestoppt wird. Das neugierige Kind lernt in diesem Spiel, dass es sich bewegen muss, wenn es erfolgreich und freudvoll Ballspielen will. Grundlegende Bewegungsmuster wie krabbeln, kriechen, robben, aufstehen, laufen, fallen, setzen vollzieht das Kind ohne Anregung eines Erwachsenen. Die Neugierde eines sich entwickelnden Kindes ist die Triebfeder dieses Spiels.

Ausgewählte Bälle zur Spiel-, Sinnes- und Bewegungsanregung

Zahlreiche Bälle, die sich in Größe, Gewicht, Oberfläche, Form unterscheiden

Betrachten wir die Raumgestaltung unter diesen Aspekten, ergibt sich daraus, dass wir den Kindern in dieser Phase der Entwicklung kleine lösbare „Probleme" in der Raumumgebung schaffen sollten. Das Kind wird selbständig handeln. Traut der Erwachsene ihm auch komplizierte Bewegungsabläufe zu, wird er diese bewältigen.

Ein weiteres Beispiel aus meiner täglichen Fortbildungspraxis mit Erzieherinnen soll das o.g. untermauern. Ich rate immer wieder dazu, auch schon den jüngsten Kindern neben den kleinen Kinderstühlen mit Rückenlehne auch Hocker mit größerer Sitzfläche anzubieten. Diese sollten so niedrig sein, dass die Kinder beide Füße bequem auf den Boden stellen können. Besorgte Erzieherinnen sehen die Kinder reihenweise von den Stühlen purzeln. Das Gegenteil ist der Fall: Das Kind sucht sich eine Sitzposition, in der es sicher sitzt, und findet seinen Halt. Malen, Spiele am Tisch können problemlos ausgeführt werden. Außerdem stärkt diese Sitzposition die gesamte Rumpf- und Rückenmuskulatur. Die vielen Berichte aus der Kindergartenpraxis bestätigen das.

Das Kind löst also auch dieses „Problem" auf seine ihm mögliche Bewegungsart. Der Erwachsene muss es dem Kind nur zutrauen.

Konsequenzen für die Raumgestaltung

Der Raum wirkt maßgeblich auf die Entwicklung des Kindes und ist Erfahrungs- und Erprobungsraum gleichermaßen. Hier werden wesentliche Erfahrungen für eine weitere gesunde Entwicklung gesammelt.

Eine anregungsreiche und vielfältige Umgebung, mit klaren Strukturen und einer angemessenen Ordnung wirkt sich auch in diesem Alter positiv auf die gesamte Atmosphäre und somit auf die Entwicklung des Kindes aus.

Wenn möglich, sollte das Mobiliar sparsam verwendet werden, damit die Kinder durch großzügige Teppichflächen oder Podeste über Schrägen, kleine Treppenstufen, Bodenwellen u.ä. vielfältige Bewegungserfahrungen machen können. Harte Untergründe sind besser als weiche, da die Körpererfahrungen intensiver sind. Also sollten im Gruppenraum eher Teppiche oder Holzpodeste als weiche Matten oder Matratzen verwendet werden (diese können allerdings als Sprungunterlage ergänzt werden).

Podeste sind zudem sinnvoll, um Räume für die Kinder zu begrenzen, Spielbereiche zu strukturieren und vor allem eine veränderte Dimension zu schaffen, damit der Ausblick aus einem Fenster möglich ist.

Gestalten Sie die Räume so übersichtlich und reizarm wie möglich. Klare Fenster ohne Bemalung und Bastelarbeiten unterstützen eine gute visuelle Wahrnehmungsentwicklung, sodass der Blick auf das Wesentliche gerichtet wird. Anregungen gibt es auch so genug. Die anderen Kinder, das Spielmaterial, das Mobiliar, die Farben. Bringen sie eher interessante Materialien auf die Fensterbänke wie z.B. transparente Farbbausteine, Prismen zum Regenbogenfarben schauen, Glaskristalle, selbstklebende Farbfolien die bei Sonnenschein wunderschöne Schatten auf den Boden werfen, ein Korb mit verschiedenen Kaleidoskopen. Sie unterstützen hiermit auch das Fokussieren des Auges auf einen Gegenstand. Außerdem verwöhnen klare Fenster die Sinne mit dem entspannenden Blick in die Natur oder aufs Außengelände, wo Bäume, Blumen, Vögel, Eichhörnchen, Wind, Regen, Schnee beobachtet werden können. Das schafft ganz nebenbei Sprachanlässe!

Im Folgenden finden Sie einige Aspekte, die bei der Innenraumgestaltung im U3 Bereich wichtig sind:

Spielpodeste

- Bewegungsanreize werden geschaffen über Stufen, Schrägen, Rutschen, Nischen
- Spielbereiche werden strukturiert (besonders geeignet bei Al-
  tersmischung)
- Perspektivenwechsel (von oben nach unten schauen), bes-
  sere Möglichkeit, aus dem Fenster zu schauen

Spiegel

- Große Spiegel, keine Spiegelkacheln oder Zerrspiegel (Wahrnehmungsförderung – das bin ich, so sehe ich aus, Handlungen können visuell beobachtet werden)

Alltagsmaterialien

- Kartons, Papprollen
- Schwämme, Bürsten, Malerrollen
- Naturmaterialien Steine, Tannenzapfen, Kastanien
- Verschiedenste Materialien: Oberflächenbeschaffenheit, Formen, Farben, Größen, beweglich, unbeweglich, veränderbar

Rollenspiel

- Kleiner Bereich Puppenküche (weniger Puppengeschirr, Töpfe aus Emaille, Utensilien eher schwer als leicht, das Kind soll etwas „in der Hand" haben und es spüren)
- Puppenwagen aus Holz, stabil und gut zum Schieben
- Verkleidungsbereich mit großem Spiegel (ausgewählte Kleidung/Tücher/Hüte/Schuhe/Taschen/Brillen – Prinzip: weniger ist mehr!)

Bauen

- Holzbausteine (Auswahl an großen und kleinen, verschieden Formen)
- Naturmaterialien wie Baumscheiben, kleine Äste, Steine, Kastanien, Steine
- Holzeisenbahn (Korb mit 6-8 Schienen, max. 4 Waggons)
- Wenige Fahrzeuge

Malen

- Kleine Auswahl an Bunt- und Wachsmalstiften (evtl. farblich sortiert)
- Tisch mit weißer/naturfarbener, durchsichtiger Plastikfolie – Farben wirken durch Umgebungsfarbe (besser: Plexiglasplatte aus dem Baumarkt anfertigen lassen)
- Fensterbänke als Arbeitsflächen verwenden
- Stabile Staffelei

Lesen

- Ausgewählte Bücher aufstellen, so dass Titelseiten zu sehen sind
- Lesebereiche für Kinder und „Vorlesesofa"

Schlafen

- Ruhiger, kühler Raum (dezenter Anstrich), Verdunklungsmöglichkeit
- Verschiedene Betten entsprechend der Altersstruktur; bei älteren Kindern auch Schlafpodeste
- Bequemer Sessel/Liege für Erzieherin (gönnen Sie sich das)

Sonstige (Spiel-)Materialien

- Ausgewählte Spiele, wenige Puzzle
- Wahrnehmungsspiele, Kreisel
- Klang-/Rhythmusgeräte
- Bewegungsspiele/-geräte
- Bälle (unterschiedlich in Größe, Gewicht, Oberfläche)
- Tücher
- Schaukeln, Hängematten, Wippen (Impulse für den Gleichgewichtssinn)
- Versteckvorhang

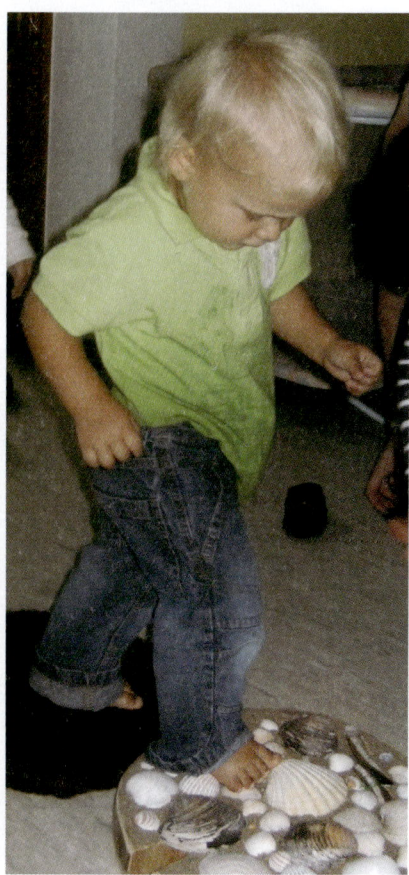

Danksagung

Damit ein Buch wie dieses entstehen konnte, bin ich als Autorin mit vielen Menschen zusammenkommen, die mich bei meinem Vorhaben unterstützt haben.

Ich bedanke mich bei den Mitarbeiterinnen der vielen Kindergärten und Kindertagesstätten, die es mir ermöglichten, Fotomaterial in dieser Vielzahl zusammenzubringen.

Vor allem der psychomotorischen Kindertagesstätte „Wolke sieben" danke ich ganz herzlich, die mir zahlreiche Impulse gab mit großer Unterstützung von Simone Cox und Isolde Müller.

Es bereitete mir großes Vergnügen mit den Kindern zusammenzuarbeiten, die für ein aussagekräftiges Foto „Modell" standen.

Ich danke dem Architekten und Lichtplaner Dirk Mailänder dafür, dass er viele Stunden Zeit investierte, um mir geduldig alle Fragen zum Thema Licht zu beantworten.

Ich bedanke mich bei Oliver Conrady, der mir bei allen elektrotechnischen Fragen zur Seite stand und auch auf meine laienhaftesten Fragen nicht müde wurde zu antworten.

Meinem Kollegen Rudolf Lensing-Conrady verdanke ich die Entwürfe und Ausführungen der Holzarbeiten, die in der psychomotorischen Kindertagesstätte in Bonn entstanden sind. Sie bereichern das Buch mit seiner Kreativität und seinen Ideen.

Ein ganz großer Dank geht an meinen Illustrator Lars Nelson. Ohne seine liebevollen Zeichnungen würde dem Buch ein gewisser „Charme" fehlen.

Bei meinen Kindern Heike und Uwe bedanke ich mich für die Geduld, die sie mir in der Endphase der Fertigstellung des Buches entgegenbrachten. Ohne ihr Verständnis für die „Ausnahmesituation" hätte das Buch nicht entstehen können.

Mein größter Dank gilt meinen Eltern. Von meinem Vater habe ich nicht nur ein technisches Verständnis für das Fotografieren erfahren, er hat mir den wesentlichen Blick durch das Kameraauge mit in die Wiege gelegt. Vor allem durch meine Mutter habe ich eine liebevolle und unbeschwerte Kindheit erlebt, durch die ich eine eigene Sensibilität zu Kindheit entwickeln konnte. Daraus ist die Grundidee zu diesem Buch entstanden.

Literatur

Literatur

Barth, K.: Lernschwächen früh erkennen im Vorschul- und Grundschulalter. München-Basel 1997

Beins, H.J./Cox, S.: „Die spielen ja nur!?" Psychomotorik in der Kindergartenpraxis. Dortmund 2001

Beudels, W./Lensing-Conrady, R./Beins, H.J.: ... das ist für mich ein Kinderspiel. Handbuch zur psychomotorischen Praxis. Dortmund 2000

De Saint-Exupéry, A.: Der kleine Prinz. Düsseldof 1973

Dichanz, H. (Hrsg.): Handbuch Medien: Medienforschung. Konzepte, Themen, Ergebnisse. Bonn, Bundeszentrale für politische Bildung 1998

Dreier, A./Kucharz, D./Ramseger, J./Sörensen, B.: Grundschulen planen, bauen, neu gestalten. Empfehlungen für kindgerechte Lernumwelten. Grundschulverband AK Grundschule S 59. Frankfurt 1999

Eggert, D./Lütje-Klose,: Theorie und Praxis der psychomotorischen Förderung. Text- und Praxisband. Dortmund 1994

Erning, G./Neumann, K./Reyer, J. (Hrsg.): Geschichte des Kindergartens. Band I: Entstehung und Entwicklung der öffentlichen Kleinkindererziehung in Deutschland von den Anfängen bis zur Gegenwart. Freiburg 1987

Erning, G.: Bilder aus dem Kindergarten. Bilddokumente zur geschichtlichen Entwicklung der öffentlichen Kleinkindererziehung in Deutschland. Freiburg 1987

Evelegh, T.: Colour – Die richtigen Farben für harmonisches Wohnen. München 2000

Fördergemeinschaft Gutes Licht: Die Beleuchtung mit künstlichem Licht. Heft 1 der Schriftenreihe Informationen zur Lichtanwendung. Frankfurt

Frieling, H.: Mensch und Farbe. München 1988

Heiland, H.: Maria Montessori. Reinbek 1991

Heller, E.: Die wahre Geschichte von allen Farben. Für Kinder, die gern malen. Oldenburg 2000

Hundertwasser, F.: Hundertwasser Architektur. Für ein menschengerechtes Bauen. Köln 1997

Itten, J.: Kunst der Farbe 1961

Jun'ichiro, T.: Lob des Schattens. Zürich 1993

Korczak, J.: Das Recht des Kindes auf Achtung. Göttingen 1980

Kükelhaus, H.: Unmenschliche Architektur. Köln 1973

Kükelhaus, H.: Fassen-Fühlen-Bilden. Organerfahrungen im Umgang mit Phänomenen. Köln 1978

Küppers, H.: Harmonielehre der Farben. Theoretische Grundlagen der Farbgestaltung. Köln 1999

Lange, U./Stadelmann, T.: Das Paradies ist nicht möbliert. Räume für Kinder. Neuwied, Kriftel und Berlin 1999

Lendner-Fischer, S.: Bewegte Stille. Wie Kinder ihre Lebendigkeit ausdrücken und zur Ruhe finden. Ein Praxisbuch. München 1997

Lensing-Conrady, R./Beins, H.J./Pütz, G./Schönrade, S. (Hrsg.): „Adler steigen keine Treppen ..." . Kindesentwicklung auf individuellen Wegen. Dortmund 2000

Lensing-Conrady, R.: Von der Heilsamkeit des Schwindels. Gleichgewichtswahrnehmungen als Motor für Entwicklung und Lernen. Dortmund 2001

Lindgren, A.: Das entschwundene Land. Hamburg 1977

Lionni, L.: Frederick. Köln und Zürich 1991

Lipp-Peetz, C.: Wie sieht's denn hier aus? Ein Konzept verändert Räume. Ravensburg 1998

Lüscher, M.: Der 4-Farben Mensch oder der Weg zum inneren Gleichgewicht. München 1977

Mahlke, W./Schwarte, N.: Raum für Kinder. Ein Arbeitsbuch zur Raumgestaltung in Kindergärten. Weinheim – Basel 1991

Mailänder, D.: Was ist Licht? Unveröffentlichtes Skript. Köln 1998. Pütz, G./Lensing-Conrady, R./Schönrade, S./Beins, H.J. / Beudels, W. (Hrsg.): In: An Wunder glauben... Die Kunst der Psychomotorik, „das Unbegreifliche" erfahrbar zu machen. Dortmund 1998

Osterwald, T./Knubbern, Th. (Hrsg.): Emil Nolde – Ungemalte Bilder. Aquarelle 1938-1945 Katalogbuch. Hatje Kantz-Verlag 1999

Schönrade, S. (2006): Der Lernbaum. Poster. BORGMANN MEDIA, Dortmund

Schönrade, S. (2010): Entwicklungsbaum Sprache. Poster. Borgmann publishing, Dortmund

Schönrade, S. (2009): LebensOrt Kindergarten. Fotoband zur Innenraumgestaltung. Borgmann publishing, Dortmund

Schönrade, S. (2010): Historische Aspekte des Kindergartens. In: Beudels, W.; Kleinz, N.; Schönrade, S.: Bildungsbuch Kindergarten. Erziehen, Bilden und Fördern im Elementarbereich. BORGMANN MEDIA, Dortmund

Schönrade, S./Beins, H.J./Lensing-Conrady, R. (2002) (Hrsg.): Kindheit ans Netz. Was Psychomotorik in einer Informationsgesellschaft leisten kann. Dortmund

Schönrade, S./Pütz, G.: Die Abenteuer der kleinen Hexe. Bewegung und Wahrnehmung beobachten, verstehen, beurteilen, fördern. Dortmund 2001

Schönrade, S.; Pütz, G.: Wedel, M. (2010): Die Sprach-Abenteuer der kleinen Hexe. Sprache beobachten, verstehen, beurteilen, fördern. Borgmann publishing, Dortmund

Seitz, M. und R.: Rot, Gelb, Blau. Grundlagen und Spielideen für die pädagogische Praxis. Don Bosco 1998

Steiner, H.: Integration und Raum. Konzepte der Raumgestaltung für integrative Schulen. Dortmund 1999

Tomatis, A.: Klang des Lebens. Reinbek 1990

Walden, R./Schmitz, I.: KinderRäume. Kindertagesstätten aus architektur-psychologischer Sicht. Freiburg 1999

Zimmer, R. (Hrsg.): Bewegte Kindheit. Schorndorf 1997

Zimmer, R.: Handbuch der Bewegungserziehung. Didaktisch-methodische Grundlagen und Ideen für die Praxis. Freiburg 2001

Zimmer, R.: Handbuch der Sinneswahrnehmung. Freiburg 2000

Zimmer, R.: Handbuch der Psychomotorik. Freiburg 1999

Zinke-Wolter, P.: Spüren-Bewegen-Lernen. Handbuch der mehrdimensionalen Förderung bei kindlichen Entwicklungsstörungen. Dortmund 1999

Kontaktadresse für Fortbildungen:

P.I.T.-Institut, Bonn
Leitung: Silke Schönrade
www.pit-schoenrade.de
Mail: info@pit-schoenrade.de
Telefon: 02 28 - 909 45 60